JN388358

현미경 속 세상에 우뚝 선 조막손이

노구치 이야기

현미경 속 세상에 우뚝 선 조막손이

노구치 이야기

정지아 글 | 최민지 그림

웅진주니어

• 차 례

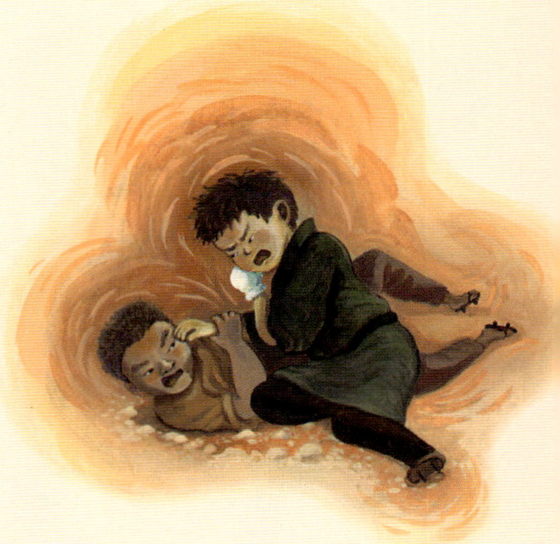

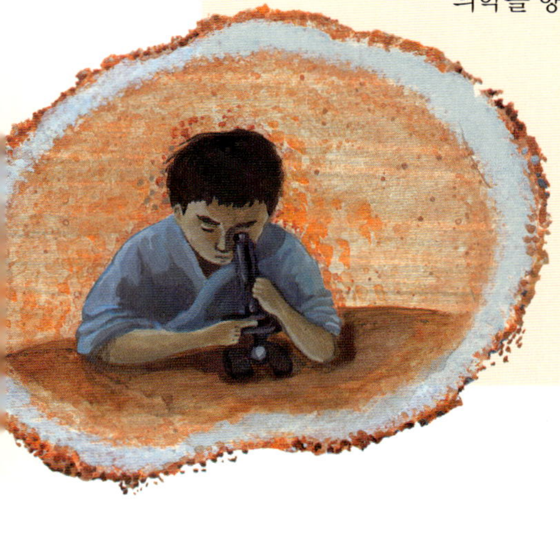

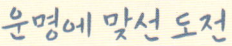

세상으로, 더 넓은 세상으로

의학의 캔버스에 동트는 새벽을 그리다

인간적이어서 더 위인 같은 노구치 히데요

"만나야 할 사람은 언젠가 만나게 되어 있다."

대학 시절부터 지금까지 친한, 25년 지기 친구가 한 말이다. 한 사람의 삶에 영향을 미칠 만큼 중요한 만남은 꼭 그때가 아니더라도 언제 어디선가 만나게 되어 있다는 뜻이다. 운명론자는 아니지만 내 인생에 소중한 사람을 만나게 될 때마다 친구의 말이 떠오른다.

노구치 히데요도 내게 운명처럼 다가왔다. 노구치 히데요를 처음 만난 것은 만화를 통해서였다. 어려서부터 만화를 좋아했던 나는 마흔이 넘은 요즘도 가끔 만화방을 찾는다. 초등학교 때 우리 어머니는 시간 아깝게 만화나 본다고 늘 나무랐지만, 내 독서 습관이 만화로부터 시작되었으니 만화는 나를 작가로 만든 일등 공신이다. 게다가 만화는 나이 들면서 점점 메말라 가는 상상력을 일깨우는 데도 제법 효과가 있다.

어떤 것을 고를까, 읽지 않은 만화책들로 가득한 서가를 순례하던 중, 노구치 히데요라는 이름이 내 걸음을 멈춰 세웠다. 이유는 없다. 그냥 그 책에 손이 갔고, 밥 먹는 것도 잊은 채 나는 아이처럼 만화에 빠져들었다.

노구치 히데요는 참으로 매력적인 인물이었다. 어려서부터 위인전을 많이 읽었지만 위인전 속 인물들은 모두 나와 너무 달랐다. 위인들은 부족한 데 하나 없는, 그야말로 위인이었다. 똑똑하고 열정적이고 착하기까지 했다. 무엇 하나 나무랄 데가 없었다. 그러나 노구치 히데요는 나와 똑같이 결점을 가진, 평범한 사람이었다.

노구치 히데요의 본명은 노구치 세이사쿠. 돈 쓰기 좋아하고 술 마시기 좋아하던 노구치 세이사쿠는 똑같은 이름의 타락한 인물이 주인공으로 등장한 소설을 읽고 충격을 받아 노구치 히데요로 이름을 바꿨다. 평범한 사람이 세계적인 세균학자가 되고, 인류를 죽음으로 몰아가던 여러 가지 병의 병원체를 발견하고 그 병을 극복하는 데 획기적인 공을 세웠다. 내가 만화를 읽으면서 노구치 히데요에게 빠져든 것은 노구치 히데요가 그동안의 위인과 달리 무척이나 인간적이기 때문이었다.

가난한 집안에서 태어나 돈 쓰는 법을 배우지 못했기 때문에 돈이 생기면 뒷생각을 하지 않은 채 다 써 버리고, 연구에 몰두하면 누가 말을 시켜도 모르고 인사를 해도 몰라서 인간성이 좋지 않다는 평판을 받고, 워낙 가난하게 자라 많은 사람의 은혜를 입었기 때문에 은혜 입는 걸 아무렇지도 않게 생각해서 뻔뻔하다는 소리를 들었던 노구치 히데요. 여러 가지 결함에도 불구하고, 최선을 다해 자기 운명을 개척해 간 백여 년 전의 이 남자가 나는 무척 마음에 들었다.

노구치 히데요는 어려서부터 거의 잠을 자지 않았다. 자기 집에는 등잔이 없어 친구 집 불을 때 주며 그 불빛으로 공부했다. 그러니 잠시도 공부를 쉬지 않았다. 고등 소학교(요즘의 중학교)만 졸업한 뒤 독학으로 공부해서 의사 고시에 합격하고, 아무 연고도 없는 미국으로 건너가 주목 받는 세균학자가 될 때까지 노구치 히데요는 휴가 한 번 가 본 적이 없었다. 밤낮없이 연구만 하는 노구치 히데요 때문에 서양 사람들은 동양인들이 서양인과 달리 잠을 적게 잔다고 믿을 정도였다. 노구치 히데요는 천재를 믿지 않았다. 다른 사람들은 노구치 히데요를 천재라 불렀지만, 자신이 천재 소리를 들을 수 있었던 것은 남다른 노력 때문임을 스스로 잘 알고 있기 때문이었다.

슈바이처 같은 위인을 만나면 평범한 우리는 주눅이 든다. 그러나 노구치 히데요는 평범한 우리에게도 한 가닥 희망의 빛을 던져 준다. 노구치 히데요가 화상 입은 손가락이 부끄러워 학교를 결석한 채 산자락에서 쓸쓸하게 하루를 보낼 때, 나는 노구치 히데요 등을 토닥여 주고 싶었다. 손가락에 화상을 입은 것은 아니지만 나도 남모르는 상처 때문에 사람들을 피한 적이 있었다. 노구치 히데요가 남에게 얻은 돈으로 흥청망청 술을 마실 때 나는 웃음이 났다. 가난하게 자란 나도 돈에 한이 맺혀 그렇게 흥청망청 살아 보고 싶은 때가 있었다. 사람들은 누구나 자기만의 상처와 한계를 가지고 있다. 그리고 사람들은 그것을 극복하고자 노력하며 산다. 노구치 히데요는 남보다 더 큰 상처와 한계를 가지고 있었고, 남보다 더한 노력으로 그에 도전했다. 그래서 노구치 히데요는 타고난 천재보다 더 훌륭한 위인이다.

"모르겠다……."

이것이 노구치 히데요의 마지막 말이다. 무엇을 모른다는 것이었을까. 노구치 히데요의 마지막 말도 참으로 인간적이다. 나도 아직 많은 것을 모르겠다. 다만 알기 위해 하루하루 최선을 다할 뿐이다.

정지아

잔인한 운명

싸움 대장 조막손이

1885년, 겨우내 하얀 눈에 덮여 있던 반다이산에도 어김없이 봄이 찾아왔다. 연둣빛 봄이 흰 눈에 덮인 봉우리를 향해 쏜살같이 달려가고 있었다. 누군가 살짝 열어 놓은 창틈으로 기분 좋은 봄바람이 살랑살랑 스며들었다. 정적에 잠긴 교실에는 사각사각 먹을 가는 부드러운 소리만 들렸다. 먹을 간 아이들은 제각기 붓을 들고 비뚤비뚤 글씨를 쓰기 시작했다.

"뭐야, 넌 아직도 먹을 갈고 있는 거야? 이래 가지고 언제 글씨를 연습하겠니?"

아이들 사이를 돌아다니며 감독하던 선생님이 한숨을 내쉬며 한 아이를 바라보았다. 아이 얼굴이 발갛게 달아올랐다. 선생님이 안쓰럽다는 듯 아이 어깨를 툭 치고 지나갔다. 아이는 이를 악물고 다시 먹을 갈기 시작했다. 왼쪽 팔꿈치로 벼루를 누른 채 오른손으로 열심히 먹을 갈았다. 팔꿈치로 누르고 있는 벼루가 자

꾸만 움직였다. 먹에 힘을 준 순간 벼루가 휙 미끄러졌다. 아이는 재빨리 왼팔로 벼루를 막았다. 다행히 벼루가 책상 밑으로 떨어지지는 않았다. 그러나 미끄러지는 바람에 거의 다 갈아 놓은 먹물이 넘쳐흘렀다. 벌써 두 번째였다.

망연자실 엎어진 먹물을 바라보던 아이가 다시 벼루에 물을 부었다. 아이는 젖 먹던 힘을 다해 왼쪽 팔꿈치에 잔뜩 힘을 주었다. 어찌나 힘을 주었는지 벼루를 누르고 있는 왼쪽 팔꿈치도, 먹을 가는 오른손도 뻐근하게 아팠다. 아이 왼손은 천으로 만든 싸개에 가려져 있었다.

마침내 먹물이 진해졌다. 아이는 그제야 붓을 들었다. 이마에 땀방울이 송골송골 맺혀 있었다. 서너 글자나 썼을까. 땡땡, 수업 끝을 알리는 종이 울렸다. 아이들이 일제히 환호성을 지르며 책상 위에 도시락을 꺼내 놓았다. 밥 냄새가 고소하게 아이 코끝을 간질였다. 아이는 붓을 내려놓고 자리에서 일어섰다.

"야, 세이사쿠! 밥 안 먹고 어디 가는 거야?"

옆 아이가 물었다. 세이사쿠는 어물어물 작은 목소리로 대답했다.

"나, 나는…… 집에 가서, 먹고…… 먹고 오려고……."

집에 가도 먹을 밥 같은 건 없었다. 세이사쿠는 아침에도 겨우 꽁보리밥 몇 숟가락을 먹었을 뿐이었다.

"헤, 조막손이가 거짓말까지 하네. 밥은 무슨, 도시락도 못 싸 오는 게……."

덩치 큰 한 아이가 빈정거렸다. 교실 문을 막 나가려던 세이사쿠가 휙 돌아섰다. 세이사쿠 눈에 장작불 같은 불꽃이 일렁거렸다. 씩씩거리며 덩치 큰 아이를 노려보던 세이사쿠는 황소처럼 그 아이를 향해 돌진했다. 그러나 키도 작고 덩치도 작은 세이사쿠는 그 아이의 상대가 되지 못했다. 덩치 큰 아이가 세이사쿠를 휙 밀쳤다. 교실 바닥에 나동그라진 세이사쿠는 오뚝이처럼 발딱 일어나 다시 덤볐다.

"이 조막손이 자식이!"

세이사쿠는 조막손이라는 말을 세상에서 제일 싫어했다. 평소에는 말도 하지 않고 얌전했지만 조막손이라는 놀림만 받으면 싸움닭처럼 변했다. 몇 번이고 바닥에 나뒹굴면서 세이사쿠는 울음을 삼켰다. 아이들 앞에서 눈물을 보일 수는 없었다.

"이 징그러운 자식. 알았어. 알았으니까 그만하자고."

아무리 맞아도 덤벼드는 세이사쿠에게 질린 아이가 손을 탁탁

털고는 교실 밖으로 나가 버렸다.

세이사쿠는 미친 듯 달리기 시작했다. 포근한 봄바람이 휙휙 뺨을 스치고 지나갔다. 봄바람은 이렇게 따뜻한데 세이사쿠 마음은 늘 한겨울처럼 꽁꽁 얼어붙어 있었다. 얼마나 달렸을까. 세이사쿠는 풀밭 위로 벌렁 드러누웠다. 너무 오래 달린 탓에 심장이 터질 듯 쿵쾅거렸다. 울고 싶지 않은데도 눈물이 제멋대로 쏟아졌다. 세이사쿠는 왼손을 감싸고 있던 싸개를 획 벗어 던졌다.

내 손은 왜 이렇게 생겼을까? 왜 내 손만 이런 걸까?

흉측하게 오그라든 손가락 위로 봄빛이 찬란하게 반짝거렸다. 구름이 천천히 흘러갔다. 해가 서편으로 기울 때까지 세이사쿠는 풀밭에 누운 채 꿈쩍도 하지 않았다.

다음 날 아침, 세이사쿠는 여느 때처럼 책보를 둘러매고 집을 나섰다. 그러나 학교에는 가지 않았다. 세이사쿠는 산등성이 풀밭 위에서 하루를 보냈다. 누워 있으면 산이 높게 보이고, 구름이 조용히 흘러갔다. 여기서는 누구도 조막손이라고 놀리지 않았다. 체육 시간에 혼자 교실에 남아 아이들이 운동장에서 신 나게 뛰어노는 모습을 물끄러미 바라볼 필요도 없었다. 다섯 살 이후로 세이사쿠는 남들 앞에서 절대로 조막손을 내보이지 않았다. 왼손은 언제나 어머니가 천 조각으로 만들어 준 싸개에 덮여 있었다.

산등성이에서 혼자 놀기 심심하면 세이사쿠는 가까운 개울로 갔다. 남 앞에서는 절대 보이지 않았던 조막손으로 세이사쿠는 열심히 자갈을 옮겨 야트막한 둑을 쌓았다. 그러고는 두 손으로 물을 퍼냈다. 개울 바닥이 보이자 세이사쿠는 바닥을 마구 파헤쳤다. 바닥에 숨어 있던 미꾸라지들이 꿈틀거리며 모습을 드러냈다. 손이 성치 않은 세이사쿠는 다른 아이들과 같은 방법으로는 물고기를 잡을 수 없었다. 잡았는가 하면 손 사이로 빠져나가 버렸다. 손을 쓸 수 없는 세이사쿠는 대신 머리를 썼다. 자갈로 물을 막아 놓으면 물고기들이 도망치지 못했다.

정신없이 미꾸라지를 잡는 동안 뉘엿뉘엿 해가 저물었다. 세이사쿠는 얼른 책보를 풀었다. 그러고는 붓을 꺼내 몇 번이고 물에 적셨다. 붓이 젖어 있으면 어머니는 세이사쿠가 학교에 다녀온 줄 알았다.

어머니는 아침 일찍 일하러 나가서 밤늦게야 집에 돌아왔다. 피곤에 지친 어머니는 세이사쿠에게 학교 이야기를 몇 마디 물어보고는 이내 죽은 듯 잠이 들었다. 그러던 어느 날 아침, 책보를 챙기는 세이사쿠를 보며 어머니가 물었다.

"얘, 세이사쿠, 왜 학용품을 사 달라고 하지 않는 거니? 떨어질 때가 된 것 같은데……."

당황한 세이사쿠는 얼른 시선을 피하며 대답했다.

"미꾸라지를 팔아서 샀어요."

세이사쿠는 도망치듯 자리를 떠났다. 어머니는 아들의 뒷모습을 오래도록 바라보았다. 요즘 들어 아들 말수가 부쩍 줄었다는 것을 어머니는 그제야 깨달았다. 며칠 뒤, 어머니가 세이사쿠를 불렀다.

혹 학교에 결석한 걸 알게 된 건 아닐까.

세이사쿠는 가슴을 졸이며 어머니 앞에 앉았다.

"세이사쿠."

뜻밖에 어머니 음성은 봄빛처럼 부드러웠다.

"미꾸라지를 잡아서 학용품을 살 생각을 하다니…… 정말 고맙다. 이 엄마는 세이사쿠가 가족을 돕기 위해 애쓰는 게 고맙기도 하지만 괴롭기도 하구나. 세이사쿠, 미꾸라지를 잡거나 농사를 짓는 것으로는 행복해질 수 없단다. 공부를 해야 해. 공부를 해야 이 괴로운 생활에서 벗어날 수 있단다. 네가 공부를 열심히 해서 지금보다 더 나은 사람이 될 수만 있다면 엄마 몸이 바스러져도 괜찮아. 집안일 같은 건 걱정하지 말고 열심히 공부를 해 다오."

어머니는 세이사쿠를 와락 끌어안았다. 그러고는 다정하게 어깨를 토닥였다.

"미안하다, 세이사쿠. 엄마가 네 인생을 망쳐 놓았어. 정말 미안하다, 세이사쿠. 네가 이렇게 된 건 모두 엄마 잘못이니까, 네가 공부를 할 수 있도록 최선을 다해 도울 거야."

어머니는 자기 때문에 세이사쿠가 조막손이 되었다고 말하는 것이다. 하지만 세이사쿠는 알고 있었다. 그건 어머니 잘못이 아니었다.

슬픈 아이즈

일본 동북쪽 후쿠시마 현. 이곳은 일 년 중 절반이 겨울이었다. 아이즈라고 불리는 이 지역 겨울은 참을 수 없을 만큼 혹독했다. 거의 매일 거센 눈보라가 휘몰아치고 얼마나 추운지 고드름이 2미터도 넘게 자랐다. 워낙 겨울이 길어 농사를 짓는 일도 쉽지 않았다. 혹독한 자연환경 속에서 아이즈 사람들은 참고 견디는 것과 도망치는 것 중에서 하나를 선택하지 않으면 안 되었다.

아이즈 사람들은 인내가 강하기로 소문 난 반면 술을 마시고 흥청망청하기로도 유명했다. 아이즈 사람들은 어려서부터 〈오하라 쇼스케 씨〉라는 노래를 귀가 닳도록 듣고 또 불렀다.

오하라 쇼스케 같은 놈은 재산을 탕진했다.
아침에 늦잠 자고
아침에 술 먹고

아침에 목욕을 좋아해서
재산을 탕진했다.
아 그래, 정말 그래.

우스꽝스러운 노랫말처럼 아이즈에는 술꾼들이 많았다. 추위를 견디기 위해 술을 마시고 술에 취해 괴로운 인생을 모두 잊어버리는 것이다. 세이사쿠 아버지 사요스케도 소문난 술꾼이었다. 사요스케는 우편배달부였다. 한겨울에 무거운 가방을 짊어진 채 눈보라를 헤치며 산속 외딴집까지 우편물을 배달하는 일은 농사를 짓는 일보다 훨씬 힘들었다. 한 시간에 8킬로미터씩 달려야 겨우 일을 끝낼 수 있었다.

월급을 받으면 사요스케는 술집으로 달려갔다. 그러고는 돈이 떨어질 때까지 며칠이고 술집에서 나오지 않았다. 주머니에 돈이 있는 동안에는 우편배달부 일도 하지 않았다. 사요스케는 안주도 없이 술만 마셨다. 술을 마시면 그제야 괴로움이 사라졌다. 세이사쿠가 태어나기 8년 전, 아이즈 지방은 전쟁에 휩싸였다. 사요스케도 이 전쟁에 참여했다. 아이즈는 전쟁에서 패했고, 수많은 사람들이 목숨을 잃었다. 사요스케는 팔다리가 잘린 채 죽어 가는 사람들을 무수히 보았다. 그 끔찍한 광경은 전쟁이 끝난 뒤에도 좀처럼 머릿속을 떠나지 않았다. 술에 취했을 때만 겨우 잊을 수 있었다. 술은 사요스케에게 구세주와 다름없었다.

더 이상 술을 사 마실 돈이 없으면 그제야 사요스케는 쓸쓸한 얼굴로 다시 우편 가방을 짊어졌다. 술 마실 돈을 벌기 위해서 사요스케는 추위와 눈보라와 외로움을 참고 우편물을 배달했다. 가족의 생계 같은 건 조금도 신경 쓰지 않았다. 가족의 생계는 모두 어머니 시카의 몫이었다.

아버지 사요스케가 오하라 쇼스케 같은 아이즈의 전형적인 술꾼이었다면 어머니 시카는 아이즈의 또 다른 특징인 인내를 대표하는 사람이었다.

시카는 여섯 살 때부터 남의 집에서 일을 했다. 할아버지와 아버지, 어머니는 괴로운 농사일에 넌더리를 내고 돈을 벌러 외지로 나가 버렸다. 시카는 네 살 때부터 할머니와 단 둘이 살았다.

시카가 일을 하는 집의 안주인은 성격이 몹시 까다로웠다. 어른들도 열흘 이상 버티지 못하고 욕을 하며 그 집을 떠났다. 어린 시카는 갓난아이를 등에 업은 채 주인집 밥을 짓고 농사를 지었다. 일에 지친 시카가 잠시 쉬고 있으면 안주인이 호통을 치기 일쑤였다.

"애! 지금 뭐 하고 있는 거니! 남의 집 일이라고 대충대충 하겠다는 거냐? 마음을 그렇게 쓰니까 가난한 거야!"

겨울이면 얼마나 추운지 손가락 끝이 꽁꽁 얼어붙었다. 잔뜩 곱은 손으로는 그릇을 들 수도 없었다. 시카는 부엌 기둥에 손끝을 몇 번이고 후려쳤다. 한참 후려치면 발갛게 손에 열이 나기 시작했다. 손이 곱을 때마다 시카는 기둥에 후려치며 잠시도 쉬지 않고 일을 했다.

안주인이 잠시 집을 비운 사이 시카는 가만가만 집을 빠져나갔다. 그때는 학교가 없었다. 대신 마을에 사는 우노우라라는 수도승이 몇몇 아이들을 불러 놓고 공부를 가르쳤다. 시카는 아이를 들쳐 업은 채 글자를 배웠다. 공책이나 연필 같은 건 물론 없었다. 머릿속에 글자를 새겨 둔 시카는 주인집 사람들이 다 잠들고 나면 조심스럽게 부엌으로 갔다. 그러고는 넓적한 그릇에 난로 재를 담아 얇게 폈다. 재를 공책 삼아 글자를 연습하는 것이었다. 주인집에 들킬까 봐 호롱불도 켤 수 없었다. 창틈으로 스며든 희미한 달빛에 의지하여 시카는 일본 글자인 히라가나를 모두 익혔다.

어느 해인가, 전염병이 돌았다. 글자를 가르쳐 준 우노우라 수도승 가족도 모두 병에 걸려 쓰러졌다. 전염병이라 아무도 가까이

가려 하지 않았다. 소식을 들은 시카는 한달음에 달려갔다. 의식을 잃었던 우노우라가 힘겹게 눈을 떴다.

"……돌아가. 너도 병에 걸리면 어떡하려고……."

우노우라가 말리는데도 시카는 돌아가지 않았다. 자기처럼 가난한 여자에게 글자를 알려 준 은혜를 어떻게든 갚고 싶었던 것이다. 시카의 정성 어린 간호 덕분에 우노우라 가족은 모두 건강을 회복할 수 있었다.

시카는 부지런하고 야무진 처녀로 소문이 자자했다. 그러나 집이 너무 가난하고 한쪽 눈이 조금 이상해서 누구도 시카와 결혼하려 하지 않았다. 게다가 아들이 없는 시카 집에서는 가문을 잇기 위해 데릴사위를 들여야 했다. 돈도 없는 집안에 데릴사위로 들어오려는 사람이 있을 리 만무했다. 시카는 그때로서는 아주 늦은 나이인 스무 살에 술꾼 사요스케를 남편으로 얻었다. 결혼했지만 시카는 어릴 때보다 더 힘들어졌다. 사요스케는 돈을 벌지 않았고 아이들이 태어났기 때문이다. 할머니와 남편과 아이 둘을 시카 혼자 힘으로 먹여 살려야 했다. 그래도 시카는 푸념 한 번 하지 않았다.

시카는 남의 집 농사를 지었다. 보통 사람이라면 농사일만으로도 힘겨울 텐데 시카는 별이 총총한 새벽에 농사를 짓고 남는 시간에 다른 일을 했다. 여름이면 메뚜기와 작은 새우를 잡아 팔았다. 밤이 되면 삼베를 짜고 삯바느질을 했다. 겨울에는 불쏘시개를 만들어 팔았다. 사시사철 시카는 잠시도 엉덩이를 붙이고 편히 쉴 시간이 없었다. 그래도 시카에게는 세이사쿠라는 희망이 있었다.

세이사쿠가 세 살이 되었을 때였다. 시카는 밭일을 마치고 돌아와 저녁을 준비하고 있었다. 텃밭에서 채소를 뽑고 있는데, 집에서 소름 끼치는 비명 소리가 들렸다. 시카는 채소를 집어 던진 채 헐레벌떡 집으로 달려왔다. 어디선가 고기 타는 냄새가 났다. 방 안은 어두침침했다. 방 가운데 놓인 화로에서 희미한 불빛이 새나올 뿐이었다. 그런데 요람에 눕혀 놓았던 세이사쿠가 화로 위에 엎드린 채 발버둥 치고 있었다. 시카는 미친 듯 세이사쿠를 끌어안았다. 잠시 뒤 정신을 차려 보니 고물고물 귀엽던 세이사쿠의 왼손이 흉측하게 녹아 있었다. 마을에는 병원도 없고, 설령 병원이 있다 해도 의사를 부를 돈이 없었다. 감자를 으깨 상처에 바른 게 전부였다. 시카는 한숨도 자지 않은 채 몇 날 며칠 세이사쿠를 돌보았다. 열흘 정도 지나 상처는 아물었다. 그러나 엄지손가락이 손목 쪽으로 굽고, 가운뎃손가락은 손바닥 쪽으로, 제각각 굽은 채 엉겨 붙어 떨어지지 않았다. 마치 소나무 옹이 같았다.

그날 이후 시카는 세이사쿠에게서 절대 눈을 떼지 않았다. 세이사쿠를 바구니에 넣어서 어디에나 데리고 다녔다. 비가 올 때는 거적으로 비를 가렸다. 그도 마땅치 않으면 세이사쿠를 업은 채 일을 했다. 매일매일 부처님에게 세이사쿠를 보살펴 달라고 기도도 했다. 그러나 한 번 망가진 세이사쿠 손은 다시는 원래대로 돌아오지 않았다.

꼬마 선생님

하늘이 무겁게 내려앉았다. 금방이라도 눈이 퍼부을 것 같았다. 아이즈 겨울은 낮이 짧았다. 다섯 시도 되기 전에 어둠이 내려앉더니 이윽고 눈발이 흩날리기 시작했다.

눈은 순식간에 아이 주먹만큼이나 굵어졌다. 하늘에 구멍이라도 뚫린 듯 눈이 퍼부었다. 누나가 저녁을 준비하고 있었지만 퍼붓는 눈이 소리까지 뒤덮어 달그락거리는 소리조차 들리지 않았다.

세이사쿠는 발을 동동 구르며 집 앞에 서서 마을을 내려다보았다. 퍼붓는 눈에 가려 반다이산도 보이지 않았다. 보이는 것이라고는 온통 눈뿐이었다. 자꾸만 시간이 흘러갔다. 그래도 어머니는 돌아오지 않았다. 자려고 누웠던 세이사쿠가 벌떡 일어났다.

"세이사쿠, 어머니는 오실 거야. 그냥 기다리자."

누나가 말리는데도 세이사쿠는 솜방망이에 불을 붙여 들었다.

"세이사쿠! 너까지 길을 잃을지도 모른단 말이야. 가지 마!"

세이사쿠는 누나 고함 소리를 뒤로 한 채 눈 속으로 달려갔다. 아직도 눈은 사납게 퍼붓고 있었다.

"어머니! 어머니!"

세이사쿠는 어머니를 부르며 언덕길을 치달렸다. 얼마 전부터 어머니는 짐꾼으로 일을 하기 시작했다. 농사를 짓는 것보다 두 배나 더 벌 수 있기 때문이었다. 세이사쿠가 사는 마을에서 짐꾼으로 일하는 사람은 어머니 외에 남자 한 사람뿐이었다. 어머니는 매일 무거운 짐을 짊어지고 왕복 40킬로미터 거리를 오갔다. 그냥 걷기도 힘든 길인데 눈이라도 내리면 한 걸음도 앞으로 내딛을 수가 없었다. 그런데도 어머니는 매일 아침 웃으며 집을 나섰다. 어머니가 남자들도 하기 힘든 이 어려운 일을 시작한 것은 세이사쿠의 학비를 벌기 위해서였다.

"어머니! 어머니!"

세이사쿠는 목청껏 소리를 질렀다. 어디선가 어머니가 세이사쿠 목소리를 듣는다면 불끈 힘이 날 터였다. 그러나 무정한 눈은 목소리를 삼켜 버렸다. 세이사쿠는 숨을 헐떡이며 멈춰 섰다. 나무마다 한 아름 눈을 덮어쓴 풍경이 낯설었다. 눈이 쌓이면 늘 오던 곳도 낯설게 느껴졌다.

이러다 길을 잃는 게 아닐까?

세이사쿠는 덜컥 겁이 났다.

"어머니!"

세이사쿠는 다시 한 번 있는 힘을 쥐어짜 소리를 질렀다. 그때였다. 뭐라고 하는지 알 수 없는 가느다란 비명 소리 같은 게 들렸다. 세이사쿠는 소리가 나는 쪽을 향해 달렸다. 저만치 어머니가 서 있었다. 아니, 서 있는 것처럼 보였다. 어머니는 무거운 짐을 진 채 무릎과 정강이로 쌓인 눈을 밀치며 힘겹게 언덕을 오르고 있었다. 눈에 젖은 몸에서 모락모락 김이 피어올랐다. 그러나 어머니는 환하게 웃고 있었다.

"공부나 하지 뭐 하러 나왔니? 힘들게……."

세이사쿠는 아무 말도 하지 않고 어머니 짐을 잡아당겼다. 그러나 어머니는 고개를 저었다.

"괜찮아, 세이사쿠. 이 정도는 아무렇지도 않아."

"뭐가 아무렇지도 않아요! 이렇게 힘든데요!"

세이사쿠는 버럭 고함을 질렀다. 어머니에게 화가 난 것은 아니었다. 그냥 이유 없이 화가 치밀었다.

"엄마에게는 너희들이 있잖니? 너희들만 있으면 엄마는 행복하단다."

세이사쿠는 말없이 어머니 뒤를 따랐다. 눈은 하염없이 퍼부었다. 어머니와 세이사쿠는 온몸으로 눈을 밀치며 힘겹게 한 발 한 발 내디뎠다. 그날 밤 세이사쿠를 만나지 않았다면 어머니는 눈 속에서 얼어 죽었을지도 몰랐다.

다음 날 아침, 밥을 먹던 세이사쿠가 말했다.

"어머니. 저, 선생님이 되겠어요."

아버지는 전날도 술을 마시느라 집에 오지 않았다. 가족들 모두 휘둥그레져 세이사쿠를 바라보았다. 산골 가난뱅이가 선생님이 된다는 것은 기적이나 다름없는 일이었다.

"서, 선생님?"

누나가 꿀꺽 씹지도 않은 밥을 삼키고는 되물었다.

"그래요, 선생님이요. 이 손이 멀쩡했더라면……."

세이사쿠는 덮개를 씌운 왼손을 바라보며 말을 이었다.

"어머니를 도와서 농사를 지을 수도 있고 군인이 될 수도 있었을 텐데……. 손이 이러니까 농사도 지을 수 없고 군인도 될 수 없어요. 그러니까 선생님이 되겠어요. 선생님이 되면 가난하게 살지 않아도 되니까요. 그러면 어머니도 더 이상 힘들지 않을 테니까요."

맑은 눈물방울이 된장국에 뚝뚝 떨어졌다.

그때까지 세이사쿠는 성적이 좋지 않았다. 아이들 놀림을 받는 게 싫어서 결석을 자주 했고 학교에 가도 멍하니 자기 생각에 빠져 있을 때가 많았다. 그러나 선생님이 되기로 결심한 뒤 세이사쿠는 일등을 놓치지 않았다.

6학년이 된 어느 날, 세이사쿠가 흥분한 얼굴로 집에 돌아왔다. 쉬지 않고 달려왔는지 아직 바람이 차가운 겨울인데도 얼굴이 발갛게 달아올라 있었다.

"어머니! 저 생장이 되었어요."

그때 일본에는 교사 수가 많지 않았다. 그래서 공부 잘하는 학생을 생장으로 뽑아 아이들을 가르치도록 했다. 요즘으로 치면 보조 교사인 셈이었다. 생장이 되면 수당도 받았다.

"이제부터 제가 아이들을 가르칠 거예요."

그 말을 들은 어머니가 가만히 집을 나섰다. 밤늦게야 돌아온 어머니 손에는 작은 보자기가 들려 있었다.

세이사쿠가 첫 수업을 하는 날이 다가왔다. 새가 우짖는 소리에 세이사쿠는 번쩍 눈을 떴다. 그때 벽에 걸린 뭔가가 눈에 띄었다.

"어머니, 이게 뭐예요?"

"선생님이 되었으니 양복을 입어야지."

어머니는 돈을 빌려 양복감을 사고 몇 날 며칠 밤을 새워 아들 양복을 지은 것이었다. 그때 대부분 아이들은 기모노를 입었다. 양복을 입는 아이는 동네에서 제일 부자인 여관집 아들과 우편국장 아들뿐이었다. 태어나서 처음 입어 본 양복은 몸에 꼭 맞았다. 한 땀 한 땀 어머니 정성과 사랑이 담긴 옷이었다.

"어머니, 다녀오겠습니다."

어머니는 며칠 밤을 새우느라 붉어진 눈으로 세이사쿠의 뒷모습을 오래도록 바라보았다. 왼손은 여느 때처럼 흰 싸개에 덮여 있었다. 그러나 세이사쿠 걸음은 그 어느 때보다 활기찼다.

지지 마, 세이사쿠

세이사쿠는 교실 앞에서 크게 심호흡을 했다. 오늘 수업을 위해서 세이사쿠는 몇 번이고 연습했다.

이제 선생님이 되는 거야. 선생님이 되면 아무도 조막손이라고 놀리지 않을 거야.

세이사쿠는 조심스럽게 문을 열었다. 기다렸다는 듯 웃음소리가 터져 나왔다.

"조막손이 주제에 양복을 입었어!"

세이사쿠는 입술을 깨물었다. 이깟 일로 슬퍼하면 안 된다. 아이들은 모르겠지만 이 양복에는 어머니와 세이사쿠와 온 가족의 희망이 담겨 있었다. 세이사쿠는 천천히 교탁 앞으로 다가갔다. 웬일인지 교단이 보이지 않았다.

"와!"

아이들이 일제히 책상을 두드리며 웃어 댔다. 교단을 치워 버리는 바람에 키가 작은 세이사쿠 모습이 교탁에 가린 것이었다.

"선생님! 대체 어디 계신 거예요?"

"선생님! 빨리 수업 시작해요!"

핑그르르 눈물이 돌았다. 그러나 세이사쿠는 아이들 몰래 옷매무새를 가다듬으며 마음을 다졌다.

"자, 교과서를 펴 주세요."

그러나 아무도 교과서를 꺼내지 않았다. 몇몇 아이는 아예 책상에 엎드려 버렸다.

"왜 그래, 너희들? 수업 준비를 해야 할 것 아니야?"

"웃기고 있네!"

누군가 큰 소리로 외쳤다.

"네까짓 게 무슨 선생이야!"

"누가 너 같은 조막손이에게 수업을 듣겠대?"

여기저기서 야유가 쏟아졌다. 세이사쿠는 떨리는 손으로 책장을 넘겼다.

"자, 요코다. 15쪽을 읽어 줘."

세이사쿠는 간절한 눈빛으로 요코다를 바라보았다. 요코다는 친절한 아이였다. 조막손이라고 놀리는 아이들을 따끔하게 혼내

준 적도 있었다. 그러나 요코다는 고개를 푹 숙인 채 세이사쿠의 시선을 피했다. 요코다 책상 위에도 교과서는 놓여 있지 않았다. 별수 없이 세이사쿠는 자기가 직접 교과서를 읽기 시작했다. 아이들은 제멋대로 장난을 치거나 떠들어 댔다. 누구도 세이사쿠 말에 귀를 기울이지 않았다.

수업이 끝난 뒤, 세이사쿠는 혼자서 터덜터덜 집으로 돌아갔다. 반다이산에서부터 천천히 내려앉는 땅거미가 천근만근 등을 짓누르는 것 같았다.

"야! 조막손이!"

갑자기 아이들 대여섯 명이 세이사쿠 앞을 가로막았다. 한 아이가 세이사쿠 왼손을 움켜쥐었다.

"왜 우리가 너 같은 병신한테 공부를 배워야 한다는 거야! 양복만 걸치면 다야, 이 병신 새끼야!"

"가난뱅이 주제에 양복은 무슨!"

아이들이 우 몰려들어 세이사쿠를 두들겨 팼다.

"야, 너희 집은 하도 먹을 게 없어서 쇠똥을 먹는다며?"

한 아이가 발길질을 하며 말했다. 그러자 옆에 있던 아이가 씩 웃으며 세이사쿠 멱살을 잡고 질질 끌고 갔다. 세이사쿠 눈앞으로 쇠똥이 다가왔다.

"쇠똥 여기 있네. 먹어 봐, 인마."

세이사쿠가 비명을 지르며 발버둥 쳤다. 그러나 아이들은 세이사쿠 목덜미를 움켜쥔 채 쇠똥에 얼굴을 처박았다. 구린 쇠똥 냄새가 진동했다.

"병신 새끼가 공부는 해서 뭐 하겠다는 거야! 꼴도 보기 싫으니까 내일부터는 학교에 나오지 마. 학교에 나타나면 가만두지 않겠어."

세이사쿠는 결석할 때마다 달려가던 산등성이로 향했다. 쇠똥투성이 이상한 얼굴이 투명한 개울물에 비쳤다. 세이사쿠는 뽀드득뽀드득 소리가 나도록 얼굴을 닦았다. 4월이지만 개울물은 얼음처럼 차가웠다. 아무리 씻어도 쇠똥 냄새는 사라지지 않았다. 이 쇠똥 냄새처럼 조막손이라는 놀림도 평생 지워지지 않을 것이다. 아무리 공부를 잘해도, 생장이 되어도 조막손이는 조막손이일 뿐이었다. 언젠가 진짜 선생님이 된다고 해도 사람들은 조막손이라고 놀릴 터였다. 세이사쿠가 조막손이 된 건 어머니 잘못이 아니었다. 가난이 죄였고, 어머니가 죽도록 일을 해도 가난한 것은 하느님 잘못이었다.

"어머니! 하느님은 왜 이렇게 불공평해요?"

그날 저녁, 물끄러미 밥상을 바라보던 세이사쿠가 물었다. 밥상에는 말간 된장국뿐이었다. 된장국에는 그 흔한 두부조차 들어 있지 않았다.

"왜 저한테는 좋은 일이 하나도 없어요? 왜 조막손이는 가르칠 수가 없는 거예요?"

참고 참았던 눈물이 그제야 뺨을 타고 흘러내렸다. 아직도 쇠똥 냄새가 풍겼다. 어머니가 세이사쿠를 와락 끌어안으며 소리쳤다.

"세이사쿠. 지지 마, 세이사쿠. 지지 마, 제발. 엄마도 지지 않고 열심히 일할 테니까, 너도 지지 마."

나뭇등걸보다 더 거칠고 뻣뻣한 어머니 손이 세이사쿠 등을 아프도록 꼭 끌어안았다. 어머니 눈물로 등이 축축하게 젖어 들었다. 세이사쿠는 눈물을 뚝 그쳤다. 어머니는 어떤 일이 있어도 울지 않았다. 성적이 나빠도 학교에 결석을 해도 큰소리 치는 법이 없었다. 그런 어머니가 울면서 소리치고 있는 것이다. 지지 말라고.

다음 날 아침, 때 아닌 눈보라가 휘몰아쳤다. 학교로 향하던 세이사쿠가 무심코 고개를 돌렸을 때, 저만치 눈보라 속에서 작은 점 하나가 느릿느릿 움직이고 있었다. 어머니였다. 이런 날에도 쉬지 않고 일을 하는 사람은 마을에서 어머니 한 사람뿐이었다. 가난한 집에서 태어난 어머니는 여섯 살 때부터 남의 집 일을 시작했고 그 뒤로 오늘까지 단 하루도 마음 편히 쉬어 본 날이 없었다. 그런데도 도무지 지치질 않았다. 무거운 짐을 진 채 눈보라를 뚫고 40킬로미터를 걷고 난 뒤에도 어머니는 웃는 얼굴로 집으로 들어설 것이다. 어젯밤 어머니가 했던 말이 떠올랐다.

"지지 마, 세이사쿠. 지지 마."

세이사쿠는 벌컥 교실 문을 열었다. 이번에도 아이들이 와 고함을 질러 댔다.

"조막손이! 오늘도 쇠똥을 먹고 싶냐?"

누군가 소리쳤다. 세이사쿠는 아랑곳하지 않은 채 빈 의자 하나를 집었다. 그러고는 칠판 앞에 의자를 놓았다. 세이사쿠는 의자 위에 올라선 채 글자를 썼다.

"이거 읽어 봐!"

아이들이 떠들거나 말거나 세이사쿠는 한 아이를 가리키며 말했다.

"병신자식! 누가 너 따위 조막손이 말을 들을 줄 알고!"

세이사쿠는 그 아이 눈을 똑바로 노려보며 소리쳤다.

於心自知者。其知眞。

"읽어 봐! 읽어 보란 말이야!"

세이사쿠 기세에 놀란 아이가 저도 모르게 중얼거렸다.

"모, 몰라. 모르는 글자야."

교실 안은 쥐 죽은 듯 조용했다.

"요코다, 네가 읽어 봐."

주문이라도 걸린 듯 아이들이 일제히 교과서를 펼쳤다. 요코다가 천천히 글자를 읽기 시작했다.

지지 않아. 난 무슨 일이 있어도 지지 않을 거야. 반드시 선생님이 되고 말 거야.

세이사쿠 가슴속에서 들끓는 슬프고도 강렬한 외침을 다른 아이들은 상상조차 하지 못했다. 다만 평소와 다른 세이사쿠 모습에 압도 당했을 뿐이었다.

긴 겨울이 끝나고 날이 풀리는가 싶더니 반다이산 높은 산자락에서도 매미가 울기 시작했다. 곧 여름 방학이었다. 선생님이 시험 성적을 발표했다. 세이사쿠 반 아이들은 모두 성적이 올랐다.

"세이사쿠, 수고했다. 네가 생장으로서 잘 가르친 덕분이다."

아이들은 오른 성적표와 세이사쿠 얼굴을 번갈아 쳐다보고는 고개를 갸웃거렸다. 조막손이에게 배워서 성적이 올랐다는 게 한

편으로는 창피하기도 하고 또 한편으로는 세이사쿠가 대단하게 생각되기도 한 것이었다. 그날 이후 아이들은 알게 모르게 세이사쿠를 생장으로 인정하기 시작했다.

구원의 손길

졸업 시험이 다가왔다. 고등 소학교(요즘의 중학교) 선생님이 참석해서 필기와 면담으로 시험을 치렀다. 필기시험을 마친 세이사쿠는 두 명의 시험관 앞에 섰다. 세이사쿠는 시험관 앞에 서자 평소 버릇대로 자기도 모르게 왼손을 뒤로 숨겼다. 그 모습을 유심히 지켜보던 한 시험관이 물었다. 왜소한 체격이었지만 눈빛이 날카로웠다.

"왼손은 어디서 다치기라도 한 건가?"

시험관 표정은 전혀 거리낌이 없었다.

"……어릴 적에 불에 덴 상처입니다."

어쩔 수 없이 반발심이 묻어나는 강한 말투였다. 그러나 시험관은 아무렇지도 않은 듯 다시 물었다.

"어떻게 하다가 데었지?"

말투는 무심했지만 세이사쿠를 바라보는 시험관 눈빛은 어머니처럼 따스했다. 지금까지 이토록 관심을 기울여 준 사람은 없었다. 세이사쿠는 어쩐지 안도감을 느끼며 고분고분 대답했다. 이번에는 시험관 얼굴이 어두워졌다.

"졸업하면 무엇을 할 생각인가?"

바로 그게 졸업을 앞둔 세이사쿠 고민이었다. 선생님이 되고 싶다는 생각으로 공부를 시작했지만 조금씩 나이가 들면서 불가능한 꿈이라는 것을 알게 되었던 것이다. 선생님이 되려면 중학교에 진학해야 했다. 진학이라니……. 세이사쿠는 한숨을 내쉬며 작은 목소리로 중얼거렸다.

"잘 모르겠습니다. 아마 농사일을 거들어야 할 것 같습니다."

그러나 세이사쿠 손으로는 농사를 제대로 지을 수 없었다. 시험관도 그런 사정을 한눈에 알아차렸다.

"계속 공부를 하고 싶은가?"

세이사쿠는 시험관을 똑바로 응시하며 덧붙였다.

"네. 좀 더 공부하고 싶습니다."

세이사쿠는 좀 더 공부하고 싶다는 이 말을 어머니에게 몇 번이나 하려고 했다. 그러나 일에 지친 어머니 얼굴을 보면 도무지 입이 떨어지질 않았다. 고등 소학교에 진학하려면 돈이 많이 들었다. 고등 소학교는 부잣집 자식들이나 다니는 곳이었다.

시험관은 세이사쿠 성적을 살펴보았다. 시골 학교 아이라고는 믿을 수 없게 뛰어난 성적이었다. 성적보다도 시험관은 세이사쿠 눈빛이 마음에 들었다.

더 멀리 가고 싶어.

세이사쿠의 눈빛은 그렇게 말하고 있었다. 고통과 희망이 뒤섞인 어린아이답지 않은 눈빛이었다. 한동안 침묵이 흐른 뒤 시험관이 입을 열었다.

"나는 이나와시로 고등 소학교에서 온 코바야시 사카에라고 한다. 조만간 어머니를 모시고 찾아오렴."

며칠 뒤, 어머니와 세이사쿠는 코바야시 집을 찾아갔다. 빈손으로 갈 수가 없어 두 사람은 호수에서 새우를 잡아 정성스럽게 떡갈나무 잎에 쌌다. 코바야시 집은 허름한 초가였다.

"저, 코바야시 선생님…… 무슨 일로……."

코바야시가 날카로운 눈빛으로 어머니를 바라보더니 이내 싱긋 웃으며 말했다. 미소가 떠오르자 조금 전과는 달리 따뜻하고 부드러운 인상이었다.

"세이사쿠 군은 정말로 우수한 학생이더군요. 이대로 공부를 끝내는 건 아깝습니다. 세이사쿠 군을 제가 있는 이나와시로 고등 소학교로 진학시켜 주시지 않겠습니까?"

어머니가 머리를 조아렸다.

"부탁합니다, 선생님. 이 아이는 공부를 해야 합니다."

세이사쿠가 놀란 눈으로 어머니를 쳐다보았다. 어머니가 죽어라 일을 했지만 간혹 밥을 먹지 못할 때도 있었다. 그런 형편인데도 어머니는 세이사쿠를 고등 소학교에 보낼 생각인 것이다. 코바야시도 놀란 듯했다. 집안에서 반대하는 줄 알고 코바야시 선생은 어머니를 설득할 생각이었다. 어머니는 세이사쿠 왼손을 덥석 잡아 앞으로 내밀었다.

"이 애 손을 보세요. 이 애 손이 이렇게 된 건 다 제 잘못입니다. 그러니까 세이사쿠 장래를 위해서 뭐든지 다할 겁니다. 제발 진학시켜 주세요. 돈은, 어떻게든 마련하겠습니다. 죽어라 일하겠습니다."

어머니는 눈물이 그렁그렁한 눈으로 머리를 조아렸다. 세이사쿠 눈에도, 코바야시 눈에도 눈물이 맺혔다.

정말 강한 여자로군. 이 아이가 어머니를 닮았다면 반드시 큰 인물이 될 거야.

코바야시가 이윽고 머리를 끄덕였다.

"좋습니다. 뜻이 있으면 돈이야 어떻게든 되겠지요. 보내만 주신다면 아드님이 졸업할 때까지 제가 쭉 담임을 맡겠습니다."

이 모든 상황이 세이사쿠는 어리둥절하기만 했다. 진학 같은 건 꿈도 꿔서는 안 된다고, 세이사쿠는 지난 몇 년 동안 자신을 다독이며 견뎌 왔던 것이다.

"이봐, 세이사쿠!"

코바야시가 엄한 목소리로 세이사쿠를 불렀다.

"이제부터 학문을 첫째로 삼아야 한다. 또 가난하다고 해서 비굴해져서도 안 된다. 네가 그렇게 할 자신이 있다면 나도 어떻게든 힘이 되어 주지."

그 순간, 세이사쿠는 반다이산 화산 폭발을 떠올렸다. 지난해, 맹수가 으르렁거리는 듯한 소리가 들리더니 펑 하고 귀를 찢는 듯한 소리와 함께 검은 연기가 하늘로 퍼졌다. 그 사이로 하얀 불기둥이 치솟았다. 천 년 만에 반다이산이 폭발한 것이다. 역사상 최대 폭발이었다. 순식간에 반다이산 3분의 1이 날아갔다. 붉은 용암은 다섯 마을을 집어삼켰다. 세이사쿠는 침묵하던 산이 포효할 수도 있다는 사실을 처음 알았다. 그때처럼 무언가가 세이사쿠 마음속에서 폭발했다.

"어때? 학문을 목표로 도전해 보겠나?"

"네! 열심히 하겠습니다!"

화산이 폭발하듯 세이사쿠는 소리쳤다. 코바야시가 빙그레 미소를 지었다. 코바야시는 당돌하면서도 순진한 세이사쿠가 마음에 들었다. 가난하고 장애까지 있지만 세이사쿠는 어려움을 이겨낼 힘을 갖고 있었다.

코바야시와의 만남은 세이사쿠 인생에 있어 반다이산 화산 폭발과도 같았다. 코바야시를 만나기 전까지 세이사쿠는 시골 마을 조막손이에 불과했다. 하지만 코바야시를 만나 인생에 날개를 달았다. 코바야시는 평생 동안 날개가 되어 세이사쿠가 멀리, 더 멀리 날아갈 수 있도록 해 주었다.

운명에 맞선 도전

세상에 단 하나뿐인 교과서

4월에 접어들었는데도 반다이산은 아직 흰 눈에 덮여 있었다. 뛰다시피 걷던 세이사쿠가 문득 걸음을 멈췄다. 저만치 길모퉁이를 돌아가는 어머니 뒷모습이 보였다. 어머니 어깨에는 여느 때처럼 무거운 짐이 지워져 있었다. 이와나시로 고등 소학교까지는 6킬로미터, 그러나 어머니에 비하면 그 정도는 아무것도 아니었다.

세이사쿠가 진학한다는 소문이 퍼지자 마을 사람들은 누구라고 할 것 없이 빈정거렸다.

"병신 아들을 고등 소학교에 보내다니……. 시카 씨, 머리가 잘못된 거 아냐?"

"공부 좀 한다고 우쭐하기는. 병신이 공부 좀 한다고 뭐가 달라지겠어."

시카를 좋아하는 사람들조차 격려보다는 걱정을 늘어놓았다.

"초등학교도 겨우 졸업시켰으면서 어쩌려고 그러는 거야?"

가난한 시골에서 세이사쿠의 진학은 상식을 뛰어넘은 바보짓에 불과했던 것이다. 하지만 세이사쿠 어머니는 그런 말에 아랑곳하지 않고 전보다 일을 두 배로 늘렸다. 세이사쿠 학비를 대기 위해서였다. 어머니는 도무지 포기라는 것을 모르는 사람이었다. 세이사쿠는 어머니를 생각하면 불끈 힘이 솟았다.

세이사쿠는 산길을 달리기 시작했다. 아직 바람이 차가웠지만 숲의 나무들은 연둣빛 새잎을 틔우기 위해 부지런히 물을 빨아올리고 있었다.

세이사쿠는 교문 앞에 멈춰 서서 옷을 털었다. 여기저기 아침이슬에 젖은 낙엽들이 잔뜩 붙어 있었다. 세이사쿠는 어머니를 생각하며 용기를 냈지만 그래도 교실 문을 열기가 두려웠다.

이곳에서도 조막손이라고 놀림을 받으면 어떡하지.

세이사쿠는 몇 번이나 심호흡을 한 뒤 드르륵 문을 열었다. 아이들 시선이 일제히 세이사쿠를 향했다. 아이들은 낡고 허름한 옷을 입은 세이사쿠에게 신경도 쓰지 않았다. 세이사쿠 손은 허리춤에 살짝 가려져 있었다. 누구도 세이사쿠가 조막손이라는 것을 눈치채지 못했다.

수업이 시작되었다. 아이들이 교과서를 책상 위에 올려놓았다.

세이사쿠 책상에는 벼루와 붓뿐이었다. 교과서를 사야 한다는 것도 세이사쿠는 모르고 있었다. 설령 알았다고 해도 교과서 살 돈도 없었다.

"뭐야, 너는 교과서를 가져오지 않은 거야? 학생이 교과서를 빠뜨리고 온다는 게 말이나 되나!"

선생님이 커다란 주먹으로 세이사쿠 머리통을 쾅 내리쳤다. 교과서조차 살 수 없는 가난한 집에 태어난 것이 억울했다. 그 순간, 무거운 짐을 메고 집을 나서던 어머니의 주름진 얼굴이 떠올랐다.

지지 않아. 가난 따위에 절대 지지 않아!

세이사쿠는 울지 않기 위해 이를 앙다물었다. 점심시간이 되었다. 아이들이 왁자지껄 떠들어 대며 도시락을 꺼냈다. 대부분 하얀 쌀밥이었다. 세이사쿠는 슬그머니 교실을 빠져나왔다. 아무도 세이사쿠가 사라진 것을 알아차리지 못했다. 세이사쿠가 찾아간 곳은 소사(학교 급사) 방이었다.

"무슨 일이냐?"

"죄송하지만 앞으로 여기서 점심을 먹게 해 주세요. 부탁합니다."

세이사쿠가 소사를 향해 꾸벅 고개를 숙였다. 세이사쿠는 학교에서 유일하게 농가용 일 바지를 입고 있었다. 그나마 여기저기 천을 덧댄 누더기였다. 소사가 다정하게 세이사쿠 팔을 잡아 자리에 앉혔다.

"혼자 먹는 것보다야 둘이 같이 먹는 게 훨씬 좋지. 넌 반찬이 뭐냐?"

세이사쿠 도시락은 매실을 넣은 주먹밥이었다. 세이사쿠는 왼손을 주머니에 넣은 채 오른손만으로 우걱우걱 먹기 시작했다. 그냥 밥을 싸 오면 왼손으로 도시락을 잡아야 하기 때문에 조막손을 보일 수밖에 없었다. 세이사쿠는 친구들에게 조막손도, 반찬 없는 도시락도 보이고 싶지 않았다. 점심을 먹는 동안에도 세이사쿠 머릿속에는 오직 한 가지 생각뿐이었다.

어떻게 하면 교과서를 구할 수 있을까?

며칠 뒤 세이사쿠는 코바야시를 찾아갔다.

"세이사쿠, 무슨 일이냐?"

코바야시가 걱정스러운 눈빛으로 세이사쿠를 쳐다보았다. 코바야시에게 할 말을 외우다시피 준비했지만 도무지 입이 떨어지질 않았다. 세이사쿠는 멀뚱멀뚱 책상을 바라볼 뿐 아무 말도 하지 못했다. 순간 세이사쿠 눈빛이 반짝 빛났다.

"선생님, 저 이것 좀 빌려 주세요!"

세이사쿠는 코바야시 책상 위에 놓여 있는 졸업생 명부를 가리키며 소리쳤다.

"이걸 어디에 쓰려고?"

"제발 부탁합니다, 선생님. 꼭 빌려 주십시오. 바로 돌려 드리겠습니다."

무슨 영문인지 알 수 없었으나 코바야시는 간절한 세이사쿠 청을 거절할 수 없었다.

그날 오후, 세이사쿠는 졸업생 명부를 들고 집집마다 찾아다니기 시작했다.

"선배님. 저는 이와나시로 고등 소학교 1학년에 다니는 노구치 세이사쿠라고 합니다. 선배님이 쓰시던 교과서를 주시면 안 되겠습니까?"

"어쩌지? 어디에 뒀는지 알 수가 없는데……."

세이사쿠는 몇 날 며칠 밤이 깊도록 선배들 집을 찾아다니며 교과서를 구했다. 철 지난 교과서를 보관하고 있는 사람은 몇 되지 않았고, 그나마도 좀이 슬거나 찢어져 엉망이었다. 세이사쿠는 몇 권씩 책을 얻어 찢어진 쪽은 다른 책에서 가져오는 식으로 해서 교과서를 만들었다. 더러 없는 쪽도 있었지만 마침내 세이사쿠는 교과서를 갖게 되었다. 세이사쿠가 직접 만든, 낡고 좀먹은, 세상에서 단 하나뿐인 교과서였다.

저녁이 되면 세이사쿠는 낡은 교과서를 들고 옆집으로 향했다. 옆집 목욕물 데우는 일을 돕기 위해서였다. 옆집 다이끼치도 같은 고등 소학교에 다니고 있었다. 세이사쿠는 가마솥의 불을 지피며 그 불빛으로 교과서를 읽었다. 이 일을 하겠다고 한 것은 세이사쿠였다. 집에서는 석유가 없어 등을 켤 수 없었다. 그러나 이웃집에는 등도 켜져 있고, 가마솥 불도 있었다. 불빛만 있으면 세이사쿠는 어디서나 공부했다. 때때로 세이사쿠는 다이끼치와 함께 목욕을 했다. 그럴 때도 세이사쿠 손에는 교과서가 들려 있었다.

"세이사쿠, 등 좀 밀어 줘."

"응."

세이사쿠는 여전히 책에 눈을 둔 채 비누를 집어 들어 밀기 시작했다. 으아악. 다이끼치 비명 소리가 들렸다. 비누 대신 돌로 등을 밀었던 것이다. 세이사쿠는 다이끼치 비명 소리조차 듣지 못한 채 책에 열중해 있었다.

점차 세이사쿠는 다이끼치 집에서 자는 날이 많아졌다. 사실 별로 자지는 않았다. 언젠가 다이끼치는 무슨 소리가 들려 한밤

중에 잠에서 깼다. 희미한 불빛 속에서 세이사쿠가 책을 읽고 있었다.

"뭐야, 넌 잠도 없냐? 그러다 쓰러진다."

"걱정하지 않아도 돼. 나폴레옹은 말이야, 하루에 세 시간밖에 자지 않았대."

첫 시험이 닥쳤다. 모두의 예상을 깨고 세이사쿠가 일등을 했다. 기모노도 없어서 농가용 일 바지를 입고 다니는, 교과서 하나도 살 수 없고, 점심도 싸 오지 못하는 학교 최고 가난뱅이가 일등을 한 것이었다.

첫 시험에서 일등을 하자 마을 사람들도, 학교 친구들도 모두 세이사쿠를 다시 보았다. 그러나 일등을 하기 위해 세이사쿠가 얼마나 노력했는지 아는 사람은 별로 없었다. 오직 어머니와 코바야시와 이웃집 다이끼치만이 보통 사람으로서는 상상도 할 수 없는 세이사쿠의 노력을 알고 있었다.

세이사쿠는 지는 것을 견디지 못했다. 언젠가 다이끼치가 논쟁 끝에 세이사쿠에게 졌다. 자존심이 상한 다이끼치는 퉁명스럽게 말했다.

"스모라면 절대 지지 않아."

그러자 세이사쿠가 벌떡 일어나 스모 자세를 취했다. 다이끼치는 체구가 훨씬 크고 나이도 많았다. 결국 세이사쿠가 밀리게 되었다. 막 쓰러지기 직전, 세이사쿠는 다이끼치 겨드랑이 속으로 왼손을 찔러 넣고는 마구 간지럼을 태웠다. 다이끼치가 웃음을 터뜨리며 몸을 비튼 순간, 세이사쿠는 재빨리 다이끼치를 넘어뜨렸다. 그러고는 의기양양하게 소리쳤다.

"내가 이겼다!"

"그런 법이 어딨어? 간지럼을 태우다니, 이건 반칙이야! 세이사쿠 다시 해!"

"이봐, 다이끼치. 졌으면 승복을 해야지."

세이사쿠가 타이르듯 점잖게 말했다. 다이끼치는 어이가 없었지만 웃어넘길 수밖에 없었다.

간혹 우기기도 하고 반칙을 쓰기도 했지만 세이사쿠는 정말 이기려면 최선을 다해야 한다는 것을 잘 알고 있었다. 일등이면서도 하루 세 시간 이상 잠을 자지 않은 것 역시 그 때문이었다.

세이사쿠는 공부뿐만 아니라 무엇이든 이기기 위해 최선을 다했다. 세이사쿠 마을에서는 서낭당을 중심으로 마을 아이들을 동군과 서군으로 나눴다. 5월 15일 이른 아침, 온 마을 아이들은 새 쫓기 시합에 참여했다. 새 쫓기 시합은 '일찍 일어나기 경쟁'이었다. 먼저 일어나서 서낭당에 도착한 쪽이 승리를 하고, 새 쫓기 노래로 진 편을 놀리는 것이다.

동군에 속했던 세이사쿠는 14일 밤부터 자지 않고 새벽이 오기만을 기다렸다. 그러고는 아직 거무스름한 새벽에 같은 편 아이들을 깨우러 돌아다녔다. 세이사쿠가 성인이 될 때까지 동군은 한 번도 진 적이 없었다. 동네 아이들끼리 하는 장난 때문에 밤을 새우는 아이는 세이사쿠뿐이기 때문이었다.

세이사쿠는 어머니 시카를 닮아 인내심이 많은 편이었다. 그러나 손에 장애가 없었더라면 그렇게 모든 일에 지지 않으려 안간힘 쓰지는 않았을 것이다. 마음속에 응어리진 상처가 세이사쿠를 강하게 키우고 있었다.

나의 왼손

어머니가 허리를 펴고 하늘을 살폈다. 골짜기마다 봄빛이 가득한 걸 보니 여덟 시는 지난 듯했다. 이제 막 심어 놓은 푸른 벼가 따스한 햇살에 반짝거렸다. 어머니는 주위가 캄캄한 꼭두새벽부터 벼를 심고 있는 중이었다. 물론 남의 논이었지만 세이사쿠 가족을 먹여 살리는 소중한 논이기도 했다.

"세이사쿠, 이러다 늦겠다. 그만 가거라."

세이사쿠도 그제야 허리를 펴고는 이마의 땀을 훔쳤다. 그 바람에 검은 흙이 묻었다.

"괜찮아요. 조금 늦으면 되지요, 뭐."

세이사쿠는 다시 엎드려 모를 심기 시작했다. 소작을 짓고 있는 논에 어머니 혼자 모를 심으려면 적어도 며칠은 걸렸다. 아버지는 엊저녁에도 집에 들어오지 않았다. 어디선가 술을 먹고 있을 터였다. 어머니 일을 거들어 주던 누나도 시집을 가고 집에는 제대로 움직이기 힘든 할머니뿐이었다. 이제 집안 모든 일이 어머니 차지였다. 세이사쿠가 돕는다고 해도 사실 큰 도움은 되지 않았다. 보통 오른손에 모를 한 줌 잡고 왼손으로 심었지만 왼손을 쓸 수 없는 세이사쿠는 모를 가까이에 놓고 하나씩 가져다 심었다. 그러자니 속도가 날 리 없었다.

"학생이 지각을 하면 되겠니? 나 혼자서도 할 수 있으니 제발 학교에 가렴."

어머니가 걱정스러운 얼굴로 세이사쿠를 바라보았다. 고등 소학교 4학년(그때 고등 소학교는 4년제임)이 된 세이사쿠가 훌쩍 큰 만큼 어머니는 폭삭 늙었다. 마흔을 조금 넘겼을 뿐인데도 어머니 얼굴에는 주름이 자글자글했다. 동네 아이들은 벌써부터 세이사쿠 어머니를 할머니라고 불렀다. 어머니 손은 얼굴보다 더 심했다. 사람 손이라기보다 나뭇등걸 같았다. 세이사쿠가 고등 소학교에 들어간 뒤 어머니는 예전보다 일을 두 배나 더 많이 했다. 학비도 학비지만 소문을 들은 빚쟁이들이 몰려들었던 것이다.

"자식을 학교에 보낼 돈이 있으면서 내 돈을 갚지 않는다는 건 말이 안 되잖아. 당장 빚을 갚으라고."

급한 대로 빚을 갚고 나면 그 고통은 고스란히 어머니에게 돌아갔다. 빚을 갚고 나면 돈이 없어 또 빚을 얻어야 하고, 그 빚을 갚기 위해 일을 늘려야 하는 악순환이 계속되었다. 어머니는 나날이 야위어 갔다. 그런 어머니를 보는 일이 세이사쿠는 세상에서 가장 고통스러웠다.

학교를 그만둬야 하는 게 아닐까?

세이사쿠 머릿속에서는 늘 고민이 떠나지 않았다. 그렇게 고민만 하다 벌써 4학년이 되었다.

졸업을 하면 정말 선생님이 될 수 있을까?

공부라면 언제나 일등이었지만 이번에도 손이 문제였다. 왼손은 마치 높은 장벽처럼 세이사쿠의 미래를 가로막고 있었다. 손만 성하다면 이따위 모심기쯤이야 누구보다 잘할 자신이 있었다. 하지만 세이사쿠 손은 성치 않았고 늙은 어머니의 반의반도 따라잡을 수 없었다. 세이사쿠는 흉측하게 일그러진 제 손을 물끄러미 바라보았다. 세이사쿠 마음을 눈치챈 어머니가 재빨리 등을 떠밀었다.

"자꾸 늦으면 코바야시 선생님이 나를 원망하실 게다. 빨리 가거라."

어머니는 머릿수건을 풀어 진흙이 잔뜩 묻은 아들 발을 닦아 주었다. 햇볕이 따스하긴 했지만 아직 물이 차가워 발이 발갛게 얼어 있었다. 그 발에 신을 것이라고는 다 닳은 짚신뿐이었다. 어머니는 자기 손을 힘껏 부빈 뒤 따스해진 손으로 아들의 두 발을 꼭 감싸 쥐었다. 어머니의 온기가 천천히 발을 녹였다.

세이사쿠는 부지런히 산길을 걸었다. 뒤쪽에서 잰 발소리가 들렸다. 보나마나 카네다일 것이었다. 집안일 때문에 학교에 늦는 학생은 세이사쿠와 카네다뿐이었다.

"세이사쿠, 오늘은 늦지 않았어?"

세이사쿠는 오른손을 동쪽에 있는 카와게다산 쪽으로 치켜든 채 엄지손가락 끝을 산봉우리에, 집게손가락 끝을 태양에 맞추고 그 거리를 쟀다.

"이런, 늦었는데."

그때는 시계가 귀했다. 세이사쿠는 해시계와 비슷한 방법으로 시각을 가늠하곤 했는데, 정확하기로 소문이 나 있었다. 두 소년은 부리나케 달리기 시작했다.

두 소년은 숨을 헐떡이며 교실에 들어섰다. 이미 수업이 시작되어 쥐 죽은 듯 조용했다. 코바야시는 두 소년이 앉기를 기다린 뒤 손에 들고 있던 원고지를 읽기 시작했다.

나의 왼손은 제 구실을 하지 못한다. 물건을 집을 수도 없고 벼루를 제대로 잡을 수도 없다. 어머니를 도와 농사일을 할 수도 없다. 이런 왼손으로 나는 무슨 일을 할 수 있을까? 진학을 해서 선생님이 되고 싶지만 우리 집은 고등 소학교 학비도 대기 어렵다. 어머니는 내 학비를 대기 위해 별이 총총한 새벽부터 깊은 밤까지 일을 한다. 어느 집 소도 그렇게는 일을 하지 않을 것이다. 그런 어머니에게 차마 진학을 하겠다는 말이 떨어지질 않는다. 하지만 나는 주저앉고 싶지 않다. 한 손이 부자유스럽다고 해도 그 누구보다 훌륭한 사람이 되고 싶다. 어머니는 누구에게도 져서는 안 된다고 가르쳤다. 무엇보다 나의 왼손에 져서는 안 된다는 뜻일 것이다. 나도 지고 싶지 않다. 희망은 그 누구보다 원대하지만 나의 앞길에는 한 줄기 빛도 보이지 않는다. 왼손이 나의 미래를 막고 있다. 이 왼손 때문에 사람 구실도 제대로 할 수 없게 되는 건 아닐까? 나의 왼손. 이제는 모든 친구들이 내 왼손이 부자유스럽다는 것을 알고 있다. 그런데도 나는 친구들 앞에서조차 내 왼손을 거리낌 없이 내보일 수가 없다. 내 왼손은 내 미래를 막고, 사람들에게 다가서는 것조차 막는다. 남들과 똑같은 왼손만 가질 수 있다

면 나는 영혼이라도 팔 수 있을 것 같다. 어떻게든 물건을 집을 수만 있다면……. 그러나 아무리 노력해도 물건은 집어지지 않는다. 이 쓸모없는 다섯 개의 손가락을 갈기갈기 찢어 버리고 싶다. 하늘은 왜 나에게만 이런 손을 주었을까…….

지난 시간에 세이사쿠가 쓴 작문이었다. 코바야시가 세이사쿠 글을 읽는 동안 교실은 여느 때와 달리 쥐 죽은 듯 고요했다. 코바야시가 마침내 원고지를 내려놓았다. 그러나 누구도 입을 열지 않았다. 세이사쿠는 활달하고 장난치기 좋아하는 친구였다. 그런 친구 마음속에 이렇게 깊은 슬픔이 있으리라고는 누구도 짐작하지 못했던 것이다.

점심시간이 되자 세이사쿠는 도시락을 들고 조용히 교실을 나갔다. 초등학교 때와 달리 조막손이라고 놀리는 친구도 없었지만 세이사쿠는 지난 3년 내내 소사실에서 점심을 먹었다. 세이사쿠가 사라지자, 야고 야스헤이라는 친구가 벌떡 일어났다.

"나는 정말 몰랐어. 가난해도 언제나 밝기만 해서……. 게다가 당돌하기까지 하니까 저렇게 아파하고 있는 줄은 정말 몰랐어."

야스헤이는 세이사쿠와 특별한 사연이 있었다. 갓 부임한 교장 선생님이 한문 특별 강의를 했을 때였다. 교과서가 총 4권으로 3엔이었다. 여관에서 하루 자는 숙박비가 24전, 그때 3엔은 요즘으로 따지면 몇 만 엔쯤 되는 큰돈이었다. 세이사쿠는 어머니에게 책을 사 달라는 말조차 꺼내지 않았다. 말해 봤자 사 줄 형편이 아니었다. 입학했을 때는 교과서가 없어서 발을 동동 굴렀던 세이사쿠이지만, 이때는 상당히 느긋하게 책 구할 방법을 찾았다.

세이사쿠는 어느 날 야스헤이에게 솔직한 심정을 털어놓았다.

"이봐, 야스헤이. 네가 한문 책을 좀 구해 줄 수 없겠니?"

상점을 하는 야스헤이는 집안이 넉넉한 편이었다. 게다가 마음도 착하고 너그러워서 남의 부탁을 잘 거절하지 못하는 아이였다. 세이사쿠가 예상한 대로 야스헤이는 거절하지 못했다. 그렇다고 아직 어린 야스헤이가 그만한 돈을 구할 수 있을 리 없었다. 고민하던 야스헤이는 자기 책을 내밀었다.

"자, 이걸로 공부해."

세이사쿠는 단호하게 머리를 저었다.

"안 돼. 그럼 네가 선생님께 혼나잖아. 나는 됐어. 신경 쓰지 마."

세이사쿠는 속 편하게 말했지만 야스헤이는 조금도 그럴 수가 없었다. 친구 말이 계속 마음에 걸렸다. 결국 야스헤이는 아버지에게 고민을 털어놓았다. 야스헤이 아버지는 세이사쿠를 위해 책 살 돈을 주었다.

다음 날, 세이사쿠는 당돌하게도 야스헤이 집을 찾았다.

"고맙습니다."

야스헤이 아버지에게 인사를 한 뒤, 세이사쿠는 종이 한 장을 건넸다.

"세이사쿠 군. 이게 뭔가?"

"차용증입니다. 나중에 제가 잘되면 반드시 갚겠습니다."

어린애답지 않은 행동에 야스헤이 아버지는 할 말을 잃었다.

"정말 재미있는 녀석이로군. 크게 되겠어."

그런 일이 있었던 터라 사람들은 세이사쿠가 가난이나 장애 따위에는 조금도 신경 쓰지 않는 줄 알고 있었다.

"친구인데도 이렇게 까맣게 모르고 있었다니……."

친구들 모두 도시락 먹는 일도 잊은 채 야스헤이 말에 귀를 기울였다.

"그러니까 우리, 세이사쿠를 위해 모금을 하자. 모금을 해서 세이사쿠 왼손을 고쳐 주는 거야."

여기저기서 박수가 쏟아졌다. 학생들 모두 모금에 참여했다. 며칠 지나지 않아 10엔이라는 큰돈이 모였다. 야스헤이는 그 돈을 갖고 코바야시를 찾아갔다.

"선생님, 이 돈으로 세이사쿠 왼손을 고쳐 주십시오. 부탁 드립니다."

코바야시 눈가가 촉촉이 젖어 들었다.

의학을 향한 첫걸음

와타나베가 천천히 붕대를 풀기 시작했다. 와타나베 카나에는 미국에서 귀국한 지 얼마 되지 않은 의사였다. 서양식 옷을 입고 턱수염을 기른 와타나베는 친구들이 모금한 돈을 들고 찾아온 세이사쿠를 어떻게든 낫게 해 주고 싶었다. 그러나 손가락이 10년 이상이나 뭉친 채로 있어서 뼈가 자라지 않은 상태였다. 오른손처럼 된다는 건 불가능했다. 세이사쿠는 그것도 모른 채 손이 나을 수 있다는 희망으로 눈을 빛내며 와타나베를 바라보았다.

"꼭 고치고 싶으냐?"

"예! 손 때문에 어머니 농사일을 도울 수도 없고 제대로 글씨를 쓸 수도 없어요. 제발 고쳐 주세요. 부탁합니다."

그때 의술로는 하나로 뭉쳐 버린 손을 제대로 고친다는 게 불가능했다. 그러나 와타나베는 아이에게 희망을 주고 싶었다. 붙어 있는 손가락이 떨어지기만 해도 지금보다는 한결 나을 터였다. 그러나 그마저도 성공할지 장담할 수 없었다. 붕대를 푸는 와타나베조차 가슴이 떨렸다. 수술이 실패한다면 세이사쿠는 전보다 더 깊은 절망에 빠질지도 몰랐다.

"선생님, 정말 손가락을 움직일 수 있을까요?"

세이사쿠는 붕대가 풀려 가는 손을 바라보며 떨리는 음성으로 물었다. 세이사쿠는 두근거리는 가슴으로 한순간도 눈을 떼지 않은 채 왼손을 응시했다. 마침내 붕대가 모두 풀렸다. 한데 들러붙어 소나무 혹 같던 손가락이 모양은 이상하지만 다섯 개로 나뉘어 있었다. 굵은 눈물방울이 손가락 위로 굴러떨어졌다. 남 앞에서는 절대 울지 않던 세이사쿠였다. 옆에 서 있던 어머니도 옷자락으로 눈물을 훔쳤다. 오랜만의 외출인데도 어머니 옷은 여기저기 헝겊을 덧댄 누더기였다. 몸이 부서져라 일했지만 옷 한 벌 사 입지 못하고 세이사쿠 뒷바라지만 해 온 것이다.

"세이사쿠, 손가락이 움직이니?"

어머니가 믿을 수 없다는 듯 물었다. 세이사쿠는 손가락으로 와타나베 책상 위에 있던 만년필을 붙잡았다. 어머니 입에서 아, 하는 작은 신음 소리가 새어 나왔다. 다들 세이사쿠 손에서 눈을 떼지 못했다. 세이사쿠는 잔뜩 힘을 주어 만년필을 들어 올렸다.

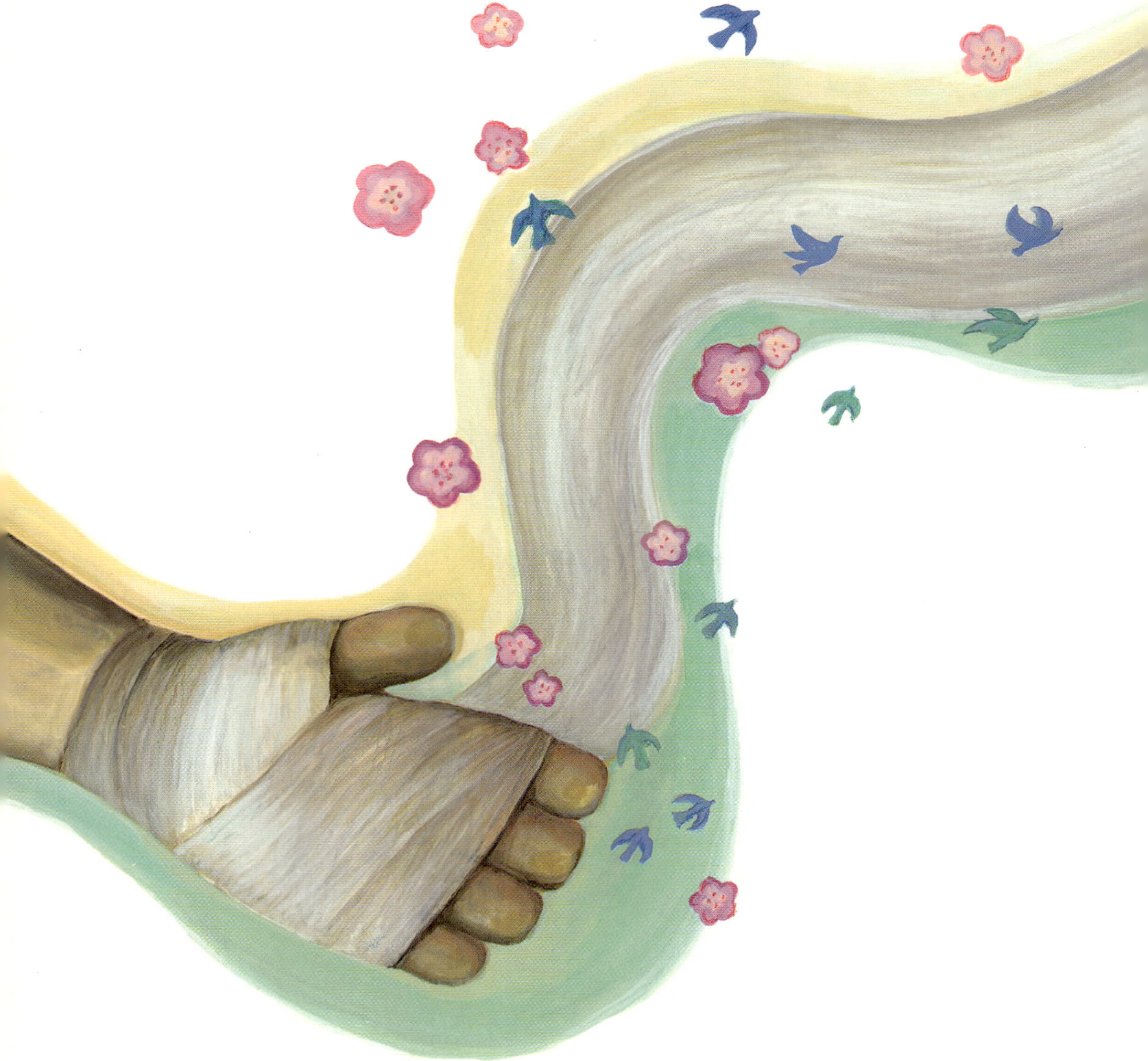

그러나 만년필은 이내 또르르 굴러떨어졌다. 세이사쿠 얼굴에 순식간에 그늘이 드리웠다.

"이 녀석, 욕심도 많구나. 한 번도 쓴 적 없는 손가락을 오늘 당장 쓸 수 있을 줄 알았단 말이냐? 수술은 성공적이지만 손가락으로 물건 집는 연습을 꾸준히 해야 해. 그렇지 않으면 예전처럼 다시 달라붙을 테니까."

연습이라면 세이사쿠를 따라올 자가 없었다. 잠을 줄여 공부를 했듯 세이사쿠는 매일매일 손가락으로 물건 집는 연습을 했다. 오랫동안 근육을 쓰지 않았기 때문에 겨우 물건을 잡아도 금방 떨어뜨리기 일쑤였다. 처음으로 물건을 집어 든 순간, 세이사쿠는 논으로 달려갔다.

"어머니! 어머니! 이것 좀 보세요. 제가 붓을 집었어요!"

세이사쿠가 왼손을 자랑스럽게 내보였다. 벼를 베던 어머니가 휘둥그레 쳐다보았다. 그러나 세이사쿠 손에는 아무것도 들려 있지 않았다. 정신없이 달려오는 동안 어디선가 떨어뜨린 것이었다. 주위를 두리번거리던 세이사쿠는 논으로 뛰어들어 어머니 머릿수건을 왼손으로 휙 낚아챘다. 땀에 전 수건이 세이사쿠의 기괴한 손가락 사이에서 팔랑팔랑 흔들렸다. 어머니는 낫을 집어던지고 세이사쿠를 와락 끌어안았다.

“넌 무엇이든 될 수 있어. 내가 꼭 그렇게 되도록 만들 거야. 세이사쿠, 힘내라. 알았지?”

반다이산에서 시원한 바람이 불어왔다. 바람이 불 때마다 벼 이삭들이 황금빛으로 출렁거렸다. 세이사쿠는 왼손으로 벼 포기를 붙잡았다. 힘이 없어서 벼 포기가 자꾸 손아귀에서 빠져나갔다. 손에 남아 베어지는 벼는 얼마 되지 않았지만 세이사쿠는 신이 났다. 두 손으로 처음 해 보는 일이었다.

가을이 깊어 갔다. 10월이 되자 반다이산에 첫눈이 내렸다. 학교 가는 시간이 평소보다 배는 더 걸렸다. 세이사쿠는 멍청하게 서서 눈이 퍼붓는 하늘을 올려다보았다. 하늘에 구멍이나 뚫린 듯 커다란 눈송이가 쉴 새 없이 퍼붓고 있었다. 저만치 눈에 가린 반다이산이 아득히 멀게 느껴졌다. 순식간에 발목까지 차오른 눈이 자꾸만 잡아당기는 것만 같았다. 하기야 학교에 일찍 가도 할 일도 없었다.

눈을 하얗게 뒤집어쓴 세이사쿠가 드르륵 교실 문을 열고 들어섰지만 아무도 뒤돌아보지 않았다. 모두 상급 학교 진학 준비에 여념이 없었다. 세이사쿠는 괜히 공부에 몰두하고 있는 야스헤이

팔꿈치를 툭 치고 지나갔다.

"뭐야, 세이사쿠? 방해하지 마. 나는 너 같은 천재가 아니란 말이야. 부지런히 공부해도 시험에 붙을지 자신이 없다고."

야스헤이는 모금 운동에 앞장서 세이사쿠 왼손을 고쳐 준 친구였다. 하지만 부잣집 아들이라 진학할 엄두조차 내지 못하는 세이사쿠 마음을 제대로 알지 못했다. 지난해 가을, 세이사쿠는 선생님이 되기 위해 준 훈도 시험을 치렀다. 필기시험은 물론 합격이었다. 그러나 그것만으로 선생님이 될 수 있는 것은 아니었다. 선생님이 되려면 사범 학교에 진학해야 했다. 고등 소학교 학비는 어머니가 죽기 살기로 일을 해서 어떻게든 댈 수 있었지만 사범 학교는 달랐다. 학비가 비싼 것은 둘째 치고 일단 집을 떠나야 하니 하숙비까지 들었다. 세이사쿠는 책도 펴지 않은 채 책상 위에 넙죽 엎드렸다. 수업이 시작되었지만 일어날 생각도 하지 않았다. 코바야시는 그런 세이사쿠를 안타까운 눈으로 바라볼 뿐이었다.

졸업을 하고 친구들은 상급 학교에 진학했다. 세이사쿠는 아무 할 일이 없었다. 손이 조금 나아지긴 했지만 어머니만큼도 일을 할 수 없었다. 어느 날 밤, 세이사쿠는 답답한 마음에 집을 나왔다. 아무 생각 없이 걷다 보니 코바야시 집 앞이었다.

코바야시 선생님이라면 뭔가 새로운 길을 알려 주지 않을까?

세이사쿠는 지푸라기라도 잡는 심정으로 문을 열고 들어갔다. 말을 꺼내기도 전에 코바야시는 세이사쿠가 찾아온 이유를 알아차렸다.

"나도 너의 진로에 대해 이것저것 생각해 보았단다. 세 가지 방법이 있다."

"그게 뭔데요, 선생님?"

"시험을 봐서 공무원이 되거나 선생님이 되거나 아니면 의사가 되거나……."

코바야시 말이 끝나기도 전에 흥분한 세이사쿠가 소리쳤다.

"네, 선생님! 의사가 되겠습니다. 독학이라도 좋으니 꼭 의사가 돼 보겠습니다."

그러나 코바야시는 고개를 저으며 세이사쿠의 흥분을 가라앉혔다.

"독학으로는 무리다. 제발 좀 차분하게 들어 보거라. 의대를 졸업하는 것이 제일이지만 너희 집에서는 학비를 댈 수가 없다. 내가 돕는다고 해도 내 월급이 고작 8엔, 그것으로 의대 학비는 어림도 없다. 대학을 졸업하지 않고 의사 고시를 보는 방법이 있기는 한데, 그것 역시 꽤 돈이 든다."

그 정도는 세이사쿠도 알고 있었다. 회양 의원에서 손을 고친 뒤 세이사쿠는 의사가 되고 싶었다. 그래서 남몰래 의사가 되기 위한 방법을 알아보았다. 그러나 어느 쪽도 돈이 들었다. 세이사쿠 집에서는 감당할 수 없는 수준이었다. 그래서 포기하고 있던 차였다.

"세이사쿠. 와타나베 선생님의 문하생이 되어서 의술을 배우면 어떻겠니? 너를 잘 알고 계시니까 선생님을 만나서 직접 부탁해 보렴. 급사든 현관 수위든 뭐든지 좋으니까 저를 써 주십시오, 하고 말이야."

세이사쿠가 벌떡 자리에서 일어났다. 그러고는 뒤도 돌아보지 않고 내달렸다.

"세이사쿠! 오늘은 너무 늦었다. 내일 가 보렴. 정중하게, 그리고 간절하게 말씀 드려야 한다!"

걱정스러운 코바야시가 세이사쿠 등을 향해 큰 소리로 외쳤다.

다음 날, 산길을 몇 시간이고 달려 세이사쿠는 회양 의원에 도착했다. 대기실에는 손님들로 북적거렸다. 한 시간이나 기다린 끝에야 세이사쿠는 와타나베를 만날 수 있었다.

"제 손을 고쳐 주셔서 정말 고맙습니다."

세이사쿠가 꾸벅 고개를 숙였다. 땀 냄새가 물씬 풍겼다. 한여름에 산길을 달려오느라 온몸이 땀에 젖었던 것이다. 자기 몸에서 역한 냄새가 나는 것도 모른 채 세이사쿠는 자신을 문하생으로 받아 달라고 열심히 부탁했다.

"반드시 의사가 되겠습니다. 저는 절대로 지지 않습니다. 무엇에도 지지 않습니다. 저를 문하생으로만 받아 주십시오. 제 손을 고쳐 주셨으니까 이제 제 인생의 길도 안내해 주십시오."

온화한 얼굴로 고개를 끄덕이며 이야기를 듣던 와나타베가 느닷없이 웃음을 터뜨렸다. 열을 내어 침을 튀기며 말하는 세이사쿠 모습이 귀여웠던 것이다.

"그래, 알았다. 지금 당장 문하생이 필요한 것은 아니다만 뭐, 언제부터 시작하든 상관없다."

"고맙습니다! 고맙습니다!"

세이사쿠는 자동인형처럼 몇 번이고 고개 숙여 절을 했다.

1893년 초여름, 열여덟 살의 세이사쿠는 어머니가 지어 준 새 옷과 허리띠를 하고 고향을 떠났다. 고개를 넘어서자 아이즈 분지가 널찍하게 펼쳐졌다. 그곳에 바로 회양 의원이 있었다.

회양의원

"조막손이 노구치 세이사쿠가 의사가 된다고? 흥! 지나가던 개가 웃겠군."

고등 소학교 시절, 함께 공부했던 친한 친구 다이끼치마저 세이사쿠의 꿈을 비웃었다. 서양 의사가 된다는 건 그때 부잣집 자식들도 꿈꾸지 못한, 요즘으로 치자면 우주여행을 하겠다는 것만큼이나 허황된 꿈이었다. 이제 겨우 출발점에 서 있을 뿐이지만 세이사쿠는 두렵지 않았다.

"지지 않아! 그 무엇에도 절대 지지 않겠어!"

세이사쿠는 저만치 펼쳐진 도시를 향해 고함을 치고는 가슴을 활짝 편 채 걷기 시작했다.

세상으로,
더 넓은 세상으로

현미경 속의 놀라운 세계

다급한 발소리와 함께 문이 활짝 열렸다. 오늘만 해도 열 번째 환자였다. 환자 대부분이 고열 증상을 보이고 있었다. 전염병이 분명했다. 회양 의원에는 비상이 걸렸다. 와타나베는 며칠째 환자들을 돌보느라 초주검이 되어 있었다. 약국을 담당하던 세이사쿠도 환자들을 돌보아야 했다. 여기저기서 콜레라라고 쑥덕이는 소리가 들렸다. 병균이 옮을까 봐 환자 옆에 가지 않으려는 문하생도 있었지만 세이사쿠는 잠시 공부도 잊고 밤을 새워 환자들을 돌보았다. 고열과 오한으로 괴로워하던 환자들은 일주일쯤 앓다가 회복되는가 싶더니 또다시 고열과 발작을 되풀이했다. 온갖 의학서를 뒤져 보았지만 비슷한 증상이 하도 많아 세이사쿠로서는 병명조차 알아낼 수 없었다. 세이사쿠는 환자 손을 붙들고 기도를 올렸다.

"제발 병이 낫게 해 주십시오."

누군가 기도하는 세이사쿠 등을 두드렸다. 환자를 돌보느라 며칠 사이 해쓱해진 와타나베였다.

"의사가 낫게 할 수 없는 병도 많지. 그때는 환자를 위해 기도라도 해. 그게 진정한 의사의 자세야. 세이사쿠 군은 훌륭한 의사가 될걸세."

그러나 와타나베는 어쩐지 쓸쓸해 보였다. 세이사쿠는 와타나베 마음을 이해할 수 있을 것 같았다. 세이사쿠가 의사가 되기로 결심한 것은 아예 쓸 수 없던 왼손으로 물건을 집을 수 있게 된 그 경이로움 때문이었다. 세이사쿠는 와타나베가 자신의 미래를 열어 주었듯 자신도 누군가의 희망이 되고 싶었다.

회양 의원 견습생으로 들어온 이래, 세이사쿠는 의사가 되기 위해 잠시도 쉬지 않고 일했다. 낮에는 병원 일을 거들고 밤에는 부족한 공부를 하느라 밤을 새웠다. 공부에 몰두하느라 며칠씩 잠을 자지 않은 적도 많았다. 덕분에 소문이 온 동네에 퍼졌다.

"회양 의원 2층은 온종일 불이 꺼지지 않는다더군."

독학으로 의학을 공부한다는 것은 역시 쉽지 않았다. 공부를 하려면 혼자 의학 서적을 읽어야 했는데, 대부분 독일어로 쓰여 있었다. 그때 일본 의학계에서는 독일어를 공용어로 사용했기 때문이다. 영어라면 고등 소학교에서 조금 배웠기 때문에 사전을 찾으며 혼자 책을 읽을 정도는 되었다. 그러나 독일어는 알파벳조차 알지 못했다. 맨 처음 독일어로 된 책을 펼쳤을 때 세이사쿠는 눈앞이 캄캄했다. 책조차 읽지 못해서야 어떻게 의사가 될 수 있단 말인가.

며칠 날 며칠 고민하던 세이사쿠는 무작정 아이즈 고등 소학교를 찾아갔다.

"이 학교에 독일어를 할 줄 아는 사람이 있습니까?"

다행히 영어와 서양사를 가르치는 사타케 겐지라는 선생이 독일어를 조금 할 줄 알았다.

"선생님, 제발 독일어를 가르쳐 주십시오. 저는 반드시 의사가 되어야만 합니다."

사타케 겐지는 태어나서 처음 보는 젊은이가 애원하자 난감한 눈치였다. 그러나 선생으로서 열심히 배우겠다는 젊은이를 내칠 수는 없는 일이었다.

"독일어를 배우고 싶으면 일단 이 사전을 공부하세요. 단어를 알아야 해석을 하지요."

세이사쿠는 사타케 겐지에게 받은 사전을 통째로 외워 버렸다.

발음은 엉망이었지만 이내 책을 읽는 데는 세이사쿠를 따라올 사람이 없게 되었다. 일 년 만에 어느 정도 독일어를 익힌 세이사쿠는 또다시 프랑스 어에 도전했다. 언어를 많이 익히면 익힐수록 더 많은 것을 배우고 접할 수 있기 때문이었다.

프랑스 어를 배우기 위해 세이사쿠는 프랑스계 선교사가 있는 성당에 다녔다. 어느 날 새벽, 일찌감치 일어나 산책을 나왔던 한 선교사가 막 담을 넘는 시커먼 그림자를 발견했다. 살금살금 다가간 선교사가 도둑 뒷덜미를 휙 낚아챘다.

"신성한 성당에서 이게 뭐 하는 짓입니까?"

선교사가 호통을 치자 도둑이 입을 열었다.

"선교사님! 접니다. 노구치 세이사쿠예요."

물론 프랑스 말이었다.

"아니, 세이사쿠 군! 왜 담을 넘었습니까?"

"문이 열려 있지 않아서 그만……."

세이사쿠가 오른손에 든 프랑스 어 책을 들어 보였다. 선교사가 피식 웃음을 터뜨렸다. 너무 이른 아침이라 문은 열려 있지 않고, 잠깐이라도 빨리 배우고 싶어 도둑처럼 담을 넘은 것이다. 이런 열정 때문에 세이사쿠의 외국어 실력은 하루가 다르게 쑥쑥 늘었다. 이뿐만이 아니었다. 세이사쿠는 혼자 영어와 한자도 익혔다. 하루빨리 의사가 되어서 자기처럼 아픈 사람들을 낫게 해 주겠다는 것이 세이사쿠의 유일한 꿈이었다.

그러나 의사라고 해서 모든 병을 고칠 수 있는 것은 아닌 모양이었다. 세이사쿠는 기도를 올리다 말고 와타나베에게 따지듯 물었다.

"대체 무슨 병입니까, 선생님! 이렇게 가만히 앉아서 환자들이 죽어 가는 것을 지켜봐야 하는 겁니까?"

"세이사쿠. 사람 힘으로 어쩔 수 없는 병도 있단다. 하지만 이 병은……."

와타나베가 말끝을 흐렸다.

"이 병 이름이 대체 뭡니까, 선생님. 고칠 수 없다고 해도 최소한 병명이라도 알고 싶습니다."

"조금만 기다려 보게."

와타나베는 알 듯 모를 듯한 말을 남기고 총총 병실을 향했다.

며칠 뒤 회양 의원에 소포가 도착했다. 와타나베가 독일에 주문한 1,200배 현미경이었다. 와타나베는 당장 환자 피를 뽑아 최신 현미경 밑에 놓았다. 이 무렵, 병을 진단할 때 현미경을 쓰는 의사는 거의 없었다.

"그래, 바로 이거야!"

오랜만에 와타나베가 활기찬 목소리로 외쳤다.

"이봐. 자네들도 와서 한번 보게. 이게 바로 이번 병의 원인인 볼레리아라는 병원체(병의 원인이 되는 세균)라네. 스피로헤타(매독균을 가리킴)의 일종이지."

대체 무엇이 보인다는 것일까. 다섯 사람이 현미경 주위에 서서 차례로 보았다. 드디어 세이사쿠 차례가 다가왔다. 현미경을 통해 사람 눈으로 확인할 수 없는 생물체를 볼 수 있다는 정도는 세이사쿠도 알고 있었다. 그러나 눈으로 확인하기는 처음이었다. 세이사쿠는 온 정신을 집중해 현미경을 들여다보았다. 혈구 속에 이상한 것이 보였다. 긴 나선형 생물인데, 몸통에 흔들거리는 꼬리 같은 게 붙어 있었다. 생물체를 확인한 순간 온몸에 전율이 스치며 소름이 확 돋았다.

이것이 바로 균이구나. 이 보이지 않는 미세한 균 때문에 병이 생기는 거구나.

세이사쿠는 현미경에서 눈을 떼지 못했다. 현미경 속에는 눈으로 볼 수 없는 새로운 세상이 펼쳐져 있었다.

"어이, 세이사쿠. 언제까지 혼자 보고 있을 거냐!"

선배 목소리에 언뜻 정신을 차렸으나 세이사쿠의 마음은 접착제처럼 현미경 속 생물에 붙잡혀 있었다.

"나, 나는 특수한 의사…… 그러니까 세균학자가 되겠어!"

혼잣말처럼 세이사쿠가 중얼거렸다. 그 말을 들은 누군가 픽 웃음을 터뜨렸다. 회양 의원에는 열 명 남짓한 견습생들이 있었다. 모두들 의사가 되는 게 꿈이었지만 견습생들 중에서 진짜 의사가 되는 경우는 가뭄에 콩 나듯 하는 정도였다. 그런데 가장 막내이고 손까지 불편한 세이사쿠가 세균학자가 되겠다는 것이다. 현미경 속 세계에 사로잡힌 세이사쿠는 비웃는 소리도 듣지 못했다.

"칫, 어차피 그 손으로는 현미경 조작하기도 힘들 테니 빨리 요시다에게 넘겨줘."

그제야 세이사쿠는 요시다에게 자리를 넘겼다. 요시다는 세이사쿠와 비슷한 무렵에 회양 의원에 온 견습생으로 세이사쿠와 같은 방을 쓰는 친구였다. 세이사쿠를 바라보는 요시다 눈빛에 걱정이 가득했다.

며칠 동안 세이사쿠는 누구와도 말을 하지 않고 자신만의 세계에 빠져들었다. 깊은 밤, 세이사쿠가 불쑥 입을 열었다.

"며칠 전…… 그 손 이야기 말이야. 나는 감각 하나가 부족하면 다른 감각이 부족한 것을 보충한다고 생각하는데 너는 어떻게 생각해?"

부족할 게 없는 요시다는 그런 생각을 해 본 적이 없었다.

"그런 자식 말 따위, 문제 삼을 것도 없어. 신경 쓰지 마."

요시다 목소리가 잠겨 있었다.

다른 감각이 부족한 것을 대신할 거야.

이런 생각을 하기까지 세이사쿠는 많이 괴로웠다. 세이사쿠는 마음의 결정을 내렸는지 며칠 만에 태평하게 코를 골며 잠에 곯아떨어졌다.

콜레라인 줄 알았던 전염병은 진드기나 쥐를 통해 감염된 회귀열이었다. 환경을 깨끗이 하고 영양 섭취를 시키자 환자들이 하나 둘 좋아지기 시작했다. 회귀열 환자들이 다 돌아간 뒤, 와타나베가 문하생들을 불러 모았다.

"몇 년 전 내 친구인 의사가 환자에게 콜레라가 전염되어 목숨을 잃었다. 이것이 진짜 의사이다. 죽는 게 무서워서 도망치는 짓은 의사가 할 일이 아니다. 죽음을 두려워하지 않고 죽음의 원인을 찾는 사람만이 진정한 의사라고 할 수 있다."

몇몇 문하생들이 푹 고개를 숙였다. 세이사쿠를 바라보는 와타나베 눈빛이 아버지처럼 형처럼 따뜻했다.

뜻을 이루지 못하면 다시는 이 땅을 밟지 않으리

어느 날, 세이사쿠는 가게에 앉아서 신문을 읽고 있었다. 그 무렵 일본은 중국과 전쟁을 하고 있었다. 와타나베도 군의관으로 전쟁터에 끌려갔다. 와타나베는 문하생 대부분을 집으로 돌려보낸 뒤 세이사쿠에게 의원과 집안일을 맡겼다. 고작 열아홉 살인 세이사쿠에게 의원을 맡기자 선배들의 불만이 터져 나왔다. 세이사쿠가 무슨 일을 시켜도 통 들으려 하지 않았다. 며칠 전, 세이사쿠는 괴로운 심정을 구구절절하게 편지에 적어 코바야시에게 보냈다. 코바야시의 답장이 오는 대로 그만둘 작정이었다. 나무문이 삐거덕거리며 열렸다. 세이사쿠는 번쩍 고개를 들었다. 역시 우편배달부였다.

"노구치 세이사쿠 씨! 편지입니다."

세이사쿠는 우편배달부 손에서 빼앗다시피 편지를 받아 들었다. 코바야시의 편지였다.

"와나타베 선생이 많은 문하생들 중에 왜 하필이면 너에게 뒷일을 맡기셨겠느냐. 어떤 사정이 있다 해도 와타나베 선생 뜻을 받들어야 한다. 너를 이만큼이나 키워 주신 분이 아니냐. 선생이 돌아오실 때까지 최선을 다해라. 앞으로 네가 의사가 되자면 이것보다 더 힘든 일이 기다리고 있을 것이다. 이만한 일을 참지 못한다면 장차 의사가 될 수 있겠느냐. 젊은 날 수양이라 생각하고 인내하거라."

코바야시 편지는 짧고 간단했다. 세이사쿠는 한숨을 내쉬며 편지를 탁자 위에 내려놓았다.

"대체 이놈의 전쟁은 언제 끝난담."

세이사쿠는 탁자에 엎드린 채 거리를 바라보았다. 거리를 오가는 사람이라고는 아녀자들뿐이었다. 젊은 남자들은 죄다 전쟁터로 끌려간 것이다. 손이 다치지 않았다면 세이사쿠도 지금쯤 전쟁터에 있어야 했다. 전쟁터에서는 지금 이 순간에도 사람들이 죽어 가고 있을 테지만 거리에는 오후 햇살이 시들어 가고 있었다. 바람이 나뭇잎을 살짝 흔들고 지나갔다. 흔들리는 나뭇잎을 따라 바닥에 그림자가 일렁거렸다. 어른거리는 나뭇잎 그림자 사이로 머리를 양 갈래로 묶은 긴 그림자가 다가왔다. 세이사쿠는 무심히 고개를 들었다. 기모노에 보랏빛 하카마를 입은 소녀 볼이 사과처럼 붉었다. 양 갈래로 땋은 머리를 나풀거리며 소녀는 수줍은 듯한 몸짓으로 천천히 가게 앞을 지났다. 세이사쿠는 소녀의 뒷모습이 완전히 사라질 때까지 멍하게 바라보았다.

다음 날부터 그 시간이 되면 세이사쿠는 창밖을 보았다. 그 여학생이 지나갈 때마다 심장이 터질 듯 두근거렸다. 세이사쿠는 수소문을 해서 소녀 이름을 알아냈다. 야마우치 요네코라는 소녀는 열여섯 살로 아이즈 여학교에 다니고 있었다. 세이사쿠는 매일매일 요네코에게 편지를 써 보냈다. 남녀 간 연애가 허락되지 않던 시절이었다. 놀란 요네코는 그 편지를 어머니에게 보였고, 어머니는 요네코 담임 선생에게 이 사실을 알렸다. 이 일로 세이사쿠는 성당 신부님으로부터 꾸지람을 들었다. 하고 싶은 일은 무엇이든 기어이 하고야마는 세이사쿠로서는 좋아하는 여자에게 편지를 쓴 게 왜 큰 잘못인지 이해할 수 없었다. 요네코에 대한 사랑은 점점 커져만 갔다.

어느 날, 세이사쿠는 요네코 집 근처 골목에서 서성거렸다. 해가 저물자 저만치 요네코 모습이 나타났다.

"요네코 씨."

세이사쿠가 불쑥 눈앞에 나타나자 놀란 요네코가 뒷걸음질을 쳤다.

"요네코 씨, 저와 결혼해 주십시오."

세이사쿠는 자꾸만 뒷걸음질 치는 요네코를 향해 양팔을 휘저으며 다가갔다. 요네코의 시선이 세이사쿠의 왼손으로 향했다. 수술을 한 뒤로 늘 감고 있던 헝겊을 풀고 물건을 집을 수 있게 되었지만, 왼손은 여전히 괴물 손처럼 흉측했다. 순간 요네코의 얼굴이 잔뜩 겁에 질렸다.

"나, 나는…… 나는 당신이 싫어요!"

요네코는 고함을 지르며 뒤돌아서서 마구 달려갔다. 세이사쿠는 멍하니 멀어지는 요네코 뒷모습을 바라보았다. 왼손을 보자마자 겁에 질린 요네코의 눈동자가 잊히지 않았다. 눈동자가 마치 칼로 변해 가슴을 도려내는 것 같았다. 세이사쿠는 어둑어둑 내려앉는 땅거미 속에서 물끄러미 자기 손을 바라보았다. 이런 손으로는 농사를 짓고 의사가 되는 것만 어려운 게 아니었다. 여자를 마음대로 사랑할 수도 없다는 것을 세이사쿠는 처음으로 깨달았다.

"잊어 주겠어. 내 손을 사랑하지 않는다면 나도 너를 사랑하지 않겠어."

스스로에게 다짐하듯 세이사쿠는 몇 번이고 혼잣말을 되뇌었다. 그런데도 생각과 달리 마음은 여전히 칼로 베인 듯 쓰라렸다.

다음 날부터 세이사쿠는 요네코에게 편지를 보내지 않았다. 요네코가 지나는 시간에도 창밖을 보지 않았다. 선배들이 자기 말을 듣지 않아도 별로 신경 쓰지 않았다. 상처 입은 세이사쿠는 미친 듯 공부에 매달렸다.

마침내 전쟁이 끝나고 와타나베가 돌아왔다. 이제 세이사쿠도 스물한 살의 어엿한 청년이 되었다. 회양 의원에 온 지도 4년째, 진로를 생각해야 했다.

그 무렵 와타나베 친구이자 치과 의사인 치와키 모리노스케가 회양 의원에 찾아왔다. 그때 와카마츠에는 치과 전문의가 없었기 때문에 여름 방학을 이용하여 진료를 해 달라고 와타나베가 부탁했던 것이다.

치와키가 올 때마다 세이사쿠는 공부에 정신이 팔려 있었다. 어느 날, 치와키는 언제나 공부하고 있는 세이사쿠 모습이 대견하여 무슨 공부를 하고 있나 슬쩍 엿보았다. 프랑스 어로 된 병리학 책이었다. 의대생들 중에서 프랑스 어를 하는 사람은 거의 없었다. 놀란 치와키가 물었다.

"자네, 어디서 프랑스 어를 배웠나?"

"성당 신부님에게 배웠습니다."

세이사쿠는 다시 책으로 시선을 돌렸다. 치와키는 와타나베에게 프랑스 어를 하는 문하생에 대해 물었다. 와타나베가 빙그레 웃으며 대답했다.

"세이사쿠를 보았군. 저 녀석은 어학의 천재야. 영어와 독일어, 프랑스 어, 세 언어를 독학으로 공부했다는군."

치와키 눈이 휘둥그레졌다. 그 뒤로 치와키는 오며 가며 세이사쿠를 볼 때마다 상냥하게 말을 건넸다.

어느 날, 세이사쿠는 의사가 되고 싶다는 꿈을 치와키에게 털어놓았다. 세이사쿠 왼손과 어려운 집안 형편을 모두 알게 된 치와키는 세이사쿠 재능이 안타까웠다.

"자네가 동경에 온다면 타카야마 치과 의학원으로 나를 찾아오게. 있는 힘껏 도와주겠네."

치와키 말이 세이사쿠 마음을 뒤흔들었다. 의사 시험을 보려면 동경으로 가야만 했다. 세이사쿠는 코바야시 의견을 물었다. 무슨 일이 있을 때마다 세이사쿠는 코바야시의 의견을 묻고 그에 따랐다. 코바야시는 세이사쿠의 오늘을 있게 해 준 스승이었고, 세이사쿠는 그런 코바야시를 아버지처럼 생각했다. 코바야시는 조심성이 많은 사람이라 좀 더 기다리라고 할 줄 알았는데 뜻밖의 편지가 왔다.

"그래, 이 이상 여기에 있어도 큰 도움이 되지 않을 것이다. 동경으로 가거라. 얼마 되지 않겠지만 나도 형편이 닿는 만큼 도와주마."

동경으로 떠나기 전, 세이사쿠는 집에 들렀다. 어머니와 누나, 동생, 웬일로 아버지까지 온 가족이 모여 있었다. 세이사쿠는 회양 의원에 있는 4년 동안 한 번도 집에 온 적이 없었다. 가족을 잊어서가 아니었다. 공부하느라 정신이 없었던 것이다.

뜻을 이루지 못하면 다시는 이 땅을 밟지 않으리.

세이사쿠는 작은 칼로 집 기둥에 이렇게 새겨 넣었다. 온 가족은 물론이고 마을 사람들이 세이사쿠를 배웅 나왔다. 사람들은 1엔이나 3엔씩, 형편이 되는 대로 세이사쿠 손에 쥐어 주었다. 세이사쿠가 초등학교에 입학했을 때도, 고등 소학교에 입학했을 때도, 그리고 회양 의원 문하생이 되었을 때도, 대부분 사람들은 조막손이가 어떻게 해내느냐고 비웃었다. 그러나 이제 사람들은 의사가 되기 위해 먼 길을 떠나는 세이사쿠를 축복하고 있었다. 세이사쿠가 최선을 다해 달려온 결과였다.

해발 500미터가 넘는 고원에는 가을이 깊어 가고 있었다. 황금빛 벼 이삭이 일렁이는 들판 너머, 우뚝 솟은 반다이산이 보였다. 어머니는 멀리까지 따라왔다. 세이사쿠는 달리기 시작했다.

"세이사쿠! 꼭 의사가 되렴!"

"어머니도 몸 조심하세요!"

세이사쿠는 일부러 돌아보지 않았다. 바람이 불면 날아갈 듯 깡마른 어머니를 보면 눈물이 쏟아질 것만 같았다. 세이사쿠는 전속력으로 달렸고, 어머니는 그 뒷모습이 완전히 사라질 때까지 우뚝 서 있었다. 앞을 향해 달리면서 세이사쿠는 어머니 눈물도 잊고, 공포에 질린 요네코 눈도 잊었다.

동경! 그곳은 어떤 곳일까? 그곳에서는 어떤 일이 기다리고 있을까?

세이사쿠 마음은 벌써 동경을 향해 달리고 있었다.

영원한 후원자

11월이 되자, 세이사쿠는 타카야마 치과 의학원을 찾아갔다. 이곳 일본 최초 치과 대학에는 와타나베의 친구 치와키가 일하고 있었다.

세이사쿠가 동경에 도착한 것은 9월이었다. 그때는 아이즈 사람들이 챙겨 준 돈이 있었다. 그 돈만 믿고 세이사쿠는 하숙을 정한 뒤 공부에 전념했다. 한 달 뒤인 10월, 세이사쿠는 의사 전기 시험에 합격했다. 보통은 전기 시험에만 3년, 후기 시험에만 7년이 걸린다고 하는 어려운 시험이었다. 전기 시험이 끝나고 두 달쯤 지나자 세이사쿠 손에는 돈이 한 푼도 남아 있지 않았다. 고향을 떠나올 때 와타나베와 코바야시, 그리고 마을 사람들이 모아 준 돈은 40엔이나 되었다. 보통 사람은 일 년 가까이 버틸 돈인데 금세 바닥이 난 것은 순전히 세이사쿠 잘못이었다.

동경에 온 뒤 세이사쿠는 잔뜩 겉멋이 들어 마구 옷을 사 입고 친구들과 어울려 술집에 드나들었다. 제일 가난한 처지이면서도 주머니에 돈이 있는 한 세이사쿠는 자신이 술값을 치렀다. 도무지 경제관념이라고는 없었다. 게다가 돈 씀씀이는 가속도가 붙어 나날이 커졌다. 세이사쿠는 고향 친구들을 찾아다니며 아무에게나 손을 벌렸다. 잘 데가 없거나 끼니를 거르면 거침없이 친구들을 찾아갔다. 하지만 후기 시험을 보려면 아직도 멀었다. 이런 식으로 계속해서 살 수는 없는 노릇이었다. 막막해진 세이사쿠는 동경에 오면 찾아오라던 인사말만 믿고 덥석 치와키를 찾았다.

"저를 학원 인력거꾼으로 써 주십시오."

"그런 걸 하면 몸이 남아나질 않네. 공부할 시간도 없고. 후기 시험도 준비해야 할 것 아닌가."

친구 병원에서 일하던 문하생일 뿐인데도 치와키는 진심으로 세이사쿠 미래를 걱정하고 있었다. 장애에 조금도 굴하지 않고 기어이 의사가 되겠다는 열정을 높이 산 것이다. 게다가 배짱도 마음에 들었다. 독학으로 세 언어를 터득한 실력파는 동경 제국 대학 의대생들 중에도 찾아보기 어려웠다. 치와키는 아무것도 가진 것 없는 이 청년이 뭔가 큰일을 해낼 인재임을 확신했다.

"하지만 후기 시험에 붙을 때까지 그렇게라도 하지 않으면 안 됩니다."

"기다려 보게. 타카야마 원장에게 이야기해서 이곳 문하생으로 일하게 해 주지. 인력거꾼으로 일하는 것보다 훨씬 나을 거야."

그러나 타카야마는 정 많은 치와키와 달리 지금은 문하생이 필요 없다고 거절했다. 치와키는 고민 끝에 기숙사를 지키는 노인을 찾아갔다.

"사정이 이러니 후기 시험이 끝날 때까지만 세이사쿠 군을 몰래 머물게 해 주십시오."

덕분에 세이사쿠는 타카야마 학원에 몰래 기숙할 수 있게 되었다. 얼마 뒤 학원 현관에서 수업 종을 울리거나 잔일을 하는 사람이 그만두게 되자 세이사쿠가 그 일을 맡았다. 생활이 안정되자 세이사쿠는 또 다른 욕심이 생겼다. 이참에 독일어를 제대로 배우고 싶었던 것이다. 예전에 아이즈 고등 소학교 선생에게 배운 독일어는 그저 사전을 외운 것에 불과했다. 동경에서라면 독일어를 제대로 배울 곳이 많았다. 그러나 수업료가 1엔이나 했다. 세이사쿠는 이번에도 치와키를 찾아갔다.

"선생님. 독일어를 완전히 끝내고 싶습니다. 그런데 수업료가 1엔이나 합니다."

세이사쿠는 치와키에게 돈을 맡겨 놓기라도 한 것처럼 당당하게 말했다.

"좋아, 열의가 대단하군. 내가 내주지. 열심히 공부하게."

그때 치와키 월급은 4엔. 그중 4분의 1을 세이사쿠에게 선선히 내놓은 것이다. 치와키는 원래 인정이 많고 배짱이 두둑한 사람이었다. 아무리 그렇다고 해도 자기 월급 4분의 1을 선선히 내놓은 것은 세이사쿠를 믿기 때문이었다. 치와키는 세이사쿠가 그 돈으로 열심히 공부할 것을 믿어 의심치 않았다. 뭐든 해내고야 마는 녀석, 이것이 치와키가 생각한 세이사쿠였다.

치와키 믿음 대로 세이사쿠는 독일어 공부에 흠뻑 빠졌다. 종을 치거나 일을 할 때도 책을 손에서 놓는 법이 없었다.

어느 날, 독일 의학서를 읽어야 했는데 워낙 귀한 책이라 가진 사람이 없었다. 세이사쿠는 고향 선배를 찾아가 안타까운 심정을 털어놓았다. 사람들은 이상하게 세이사쿠 부탁을 받으면 잘 거절하지 못했다. 너무나 절실하게 부탁하기 때문이었다. 그러나 고향 선배도 책을 갖고 있지 않았다. 세이사쿠는 땅이 꺼져라 깊은 한숨을 내쉬었다. 선배는 자기도 모르게 입을 열고 말았다.

"그 책을 갖고 있는 친구가 있네. 한번 부탁은 해 보지."

선배 말이 끝나기도 전에 세이사쿠가 자리에서 벌떡 일어났다.

"선배, 그럼 지금 가요!"

"이봐, 세이사쿠. 지금은 밤 열 시가 넘었어."

"지금 꼭 그 책을 봐야 합니다. 부탁해요, 선배."

별수 없이 선배는 한 시간 넘게 밤길을 걸어 친구를 찾아갔다. 동경 제국 대학 의대생인 친구는 자다 말고 놀라서 어리둥절한 표정으로 두 사람을 바라보았다.

"뭔가?"

세이사쿠는 재빨리 책상을 훑어보았다. 찾던 책이 꽂혀 있었다. 주인 허락도 받지 않고 세이사쿠는 냉큼 원하는 책을 뽑아 들었다.

"미안하지만 저 책 좀 빌려 주게."

"그건 안 돼. 내가 보고 있는 책이야."

세이사쿠는 얼른 책을 품에 감추었고, 그 모습을 보던 선배가 피식 웃음을 터뜨리며 말했다.

"너는 이런 책 몇 권이든 살 수 있잖아. 이번에는 양보하라고. 이 친구는 나도 당할 수가 없거든. 고맙네. 자, 세이사쿠, 그만 가자."

두 사람은 부리나케 집을 나섰다. 대문을 나설 즈음에야 친구의 절박한 외침 소리가 들려왔다.

"이봐, 안 된다니까! 나도 내일 봐야 해!"

"친구에게 정말 미안한 일을 했군. 그러니까 세이사쿠, 꼭 붙어야 해."

"정말 고맙습니다. 꼭 합격할게요."

눈물이 그렁그렁한 채 세이사쿠는 소중한 책을 가슴에 꼭 끌어안았다. 그런 모습을 보는 것으로 선배는 흐뭇해서 친구에게 미안하다는 생각마저 잠시 잊어버렸다. 세이사쿠는 늘 이런 식이었다. 공부에 빠지면 수업 종 치는 것도 까맣게 잊었다. 학생들은 짜증이 나서 세이사쿠를 찾아다녔다. 늘 혼이 나면서도 그때뿐, 책만 잡으면 세이사쿠는 정신을 잃고 빠져들었다.

어느 정도 공부가 되었다고 생각하자 세이사쿠는 조급해졌다. 후기 시험 과목들 중에는 임상 실험이라는 것이 있었다. 다른 것은 독학으로 해결할 수 있지만 이것만은 학원을 다니면서 직접 환자를 대상으로 실습을 해야 했다. 그러나 학원에 다니려면 한 달에 15엔이나 들었다. 세이사쿠가 기댈 곳이라고는 치와키밖에 없었다. 이번에는 치와키도 어려워하는 얼굴이었다.

"내 월급보다 많군. 돕고 싶지만…… 조금만 기다려 보게. 내가 방법을 찾아보지."

웬일인지 세이사쿠는 싱글벙글 말을 이었다.

"실은 제가 다 생각해 보고 나서 부탁을 드리러 온 겁니다."

치와키가 호탕한 웃음을 터뜨렸다.

"역시 자네답군. 그래 어떤 방법이지?"

타카야마 학원에는 부속 병원이 있었고 치와키는 그곳에서 진료도 하고 있었다. 그러나 원장은 병원 경영이 거의 적자라고 늘 울상이었다. 세이사쿠는 몰래 조사를 해 보았다. 경영에 조금만 신경을 쓰면 얼마든지 돈을 벌 수 있었다.

"선생님께서 경영을 맡으십시오. 그러면 지금보다 몇 배는 돈을 더 벌 수 있습니다."

무례할 수도 있는 말이었지만 치와키는 진지하게 들었다. 그만큼 세이사쿠 실력을 믿었던 것이다. 역시 세이사쿠 계획은 그럴듯했다. 치와키는 병원 경영을 맡아 전보다 몇 배 이익을 남겼고, 세이사쿠 학원비를 대 줄 수 있게 되었다.

치와키가 준 돈으로 세이사쿠는 재생 학사에 등록했다. 처음 강의를 듣고 나온 날이었다. 한 여학생이 웬 남자와 나란히 걸어

오고 있었다. 세이사쿠 가슴이 쿵 내려앉았다. 세이사쿠 손을 보고 뒷걸음쳤던 야마우치 요네코였다. 요네코 역시 재생 학사에 다니고 있었다. 세이사쿠는 얼어붙은 듯 그 자리에서 움직일 수가 없었다. 요네코의 향기가 가까워졌다. 코앞으로 다가온 요네코는 옆의 남자와 무슨 이야기 끝에 환한 웃음을 터뜨렸다. 코앞에서 슬픈 눈으로 자신을 바라보고 있는 세이사쿠 따위는 신경도 쓰지 않았다.

세이사쿠는 정신없이 거리를 거닐었다. 환하게 웃던 요네코 모습이 좀처럼 지워지지 않았다. 어느새 거리에는 세이사쿠 마음처럼 어두운 밤이 찾아들고 있었다. 술집들이 하나둘 등을 밝히기 시작했다. 세이사쿠는 술집 휘장을 걷고 들어섰다. 그날 이후 세이사쿠는 술에 빠져 살았다. 아버지처럼 세이사쿠도 술을 좋아했다. 세이사쿠는 점차 학원에도 가지 않았다. 사람들은 세이사쿠가 치와키 돈으로 술독에 빠져 산다고 뒷전에서 숙덕거렸다. 치와키를 찾아와 쓸데없는 짓을 한다고 비난하는 사람도 있었다.

"저렇게 행실도 좋지 않은 사람에게 학비를 대 주다니. 자네, 바보 아닌가? 저런 놈이 절대 잘될 리 없어. 헛수고하는 거라고."

그러나 치와키는 한 번도 세이사쿠를 나무라지 않았다. 대신

한꺼번에 돈을 주면 다 써 버릴까 봐 5엔씩 세 번에 나눠 주었다.

"이봐, 세이사쿠. 공부는 열심히 하고 있는 거지?"

세이사쿠가 돈을 받으러 올 때마다 치와키는 그렇게 물을 뿐이었다.

"네. 열심히 하고 있습니다. 이번 시험에 꼭 붙을 겁니다."

대답을 하고 나온 세이사쿠는 밤이 되면 또 술집으로 달려갔다. 사람들은 술집으로 드나드는 세이사쿠만 보았다. 세이사쿠가 의학 서적을 펼쳐 놓은 채 술을 마시고, 술에 취해서도 밤을 새워 공부한다는 사실은 아무도 알지 못했다. 세이사쿠 마음속에서는 절대 지면 안 된다는 굳은 각오와 그래 봤자 요네코는 자신을 보지 않을 거라는 절망이 동시에 소용돌이치고 있었다. 세이사쿠는 절망 때문에 술잔을 들면서도 지면 안 된다는 생각으로 공부하고 있었다.

동경에 온 지 만 일 년째 되는 10월, 세이사쿠는 후기 의사 시험을 치렀다. 실기 시험을 볼 때였다. 대기실에서 한 수험생이 발을 동동 구르고 있었다. 청진기를 잊고 안 가지고 온 것이다. 처음 보는 경쟁자인데도 세이사쿠는 그 사람이 무척 안타까웠다.

"이것을 쓰십시오."

심사위원

"하지만 당신은……."

"저는 외과 시험을 보니까 필요하지 않을 겁니다."

그러나 막상 시험장에 들어가자 환자가 누워 있었다. 청진기가 필요했다. 세이사쿠는 주위를 휙 둘러보더니 한 시험관에게 이렇게 말했다.

"청진기 좀 빌려 주시겠습니까?"

시험관은 어처구니없는 표정으로 청진기를 빌려 주었다. 그런데 이 엉뚱한 수험생이 환자의 복잡한 증상을 하나도 남김없이 정확하게 알아맞히는 게 아닌가. 시험관들은 모두 눈을 껌벅거리며 세이사쿠 열변에 귀를 기울였다.

그 해 합격자는 단 네 명. 물론 세이사쿠도 포함되어 있었다. 전기와 후기를 통틀어 10년이나 걸린다는 시험을 세이사쿠는 단 일 년 만에 마쳤다. 일본 역사상 최연소 의사의 탄생이었다. 합격자 발표를 보자마자 세이사쿠는 치와키에게 달려갔다.

"선생님……."

치와키는 싱글벙글 입이 다물어지지 않는 세이사쿠를 본 순간 이미 합격했다는 것을 알았다.

"축하하네."

"정말 고맙습니다. 모든 게 선생님 덕분입니다."

코바야시와 치와키는 남들이 뭐라고 하든, 세이사쿠가 무슨 잘못을 하든 평생 동안 세이사쿠를 응원했다. 술을 좋아하고 돈을 낭비하는 버릇이 있지만 그래도 마음만은 순수하다는 것을 알아준 것도 두 사람뿐이었다. 또한 두 사람은 세이사쿠를 옳은 길로 인도하는 스승이었다. 두 사람이 없었다면 일본이 낳은 세계적인 의학자 세이사쿠도 존재하지 않았을 것이다. 코바야시와 치와키의 끝없는 신뢰와 애정은 세이사쿠의 가장 큰 힘이었다.

누더기를 입은 의사

오전 10시, 일본 최초의 서양식 병원 순천당 의사들이 회진을 시작했다. 모두 깨끗한 양복을 차려 입었는데 수술복을 입은 의사가 있었다. 이제 스물두 살이 된 세이사쿠였다. 세이사쿠는 입을 양복이 없었다. 순천당 의원에서 받는 월급이라야 고작 2엔, 열 달 치는 모아야 겨우 양복 한 벌을 살 수 있었다.

"자네는 옷차림이 그게 뭔가?"

한 의사가 눈살을 찌푸리며 세이사쿠를 나무랐다. 그때는 대부분 귀족 집안 자식들이 의사가 되었다. 의사 공부를 하기 위해서는 많은 돈이 필요하기 때문이었다.

"내일부터는 양복을 입도록 하게."

세이사쿠는 무뚝뚝한 얼굴로 이렇다 할 말이 없었다. 한 달에 2엔, 아껴서 쓰면 한 달 생활은 그럭저럭 할 수 있었다. 그러나 씀씀이가 헤픈 세이사쿠는 월급 받는 날 그 돈을 다 써 버렸다. 친구들을 불러 모아 술을 마시고 나면 2엔으로도 모자랄 때가 있었다. 다음 날 아침, 텅 빈 주머니를 확인한 뒤에야 세이사쿠는 한숨을 내쉬며 자신을 원망했다.

월급 받는 즉시 어머니에게 보낼걸…….

후회해 봐야 이미 주머니는 빈 뒤였다. 월급을 받기 전에는 이번 달만큼은 반드시 어머니에게 보내겠다고 다짐하지만 월급을 받는 것은 저녁, 우체국에 가기에는 너무 늦었고, 불빛 찬란한 거리로 나서면 또다시 술이 세이사쿠를 불렀다. 그런 세이사쿠가 열 달이나 월급을 모아 양복을 해 입는다는 것은 불가능에 가까웠다.

"왜 대답이 없나? 내일부터는 양복을 입으라지 않는가!"

선배 의사가 계속 다그쳤다. 순간 세이사쿠 머릿속에 반짝 떠오르는 게 있었다.

"예! 내일은 곤란하지만 다음 달부터는 꼭 양복을 입겠습니다!"

그날 밤, 세이사쿠는 긴 편지를 썼다.

"야스헤이. 오랜만일세. 동경에 온 뒤로 의사 시험을 치르고 취직을 하느라 정신이 없어서 소식조차 전하지 못했네. 의사 시험에 합격했다는 소식은 들었겠지? 나는 순천당 의원에서 일을 하고 있다네. 입원 환자만 해도 3~4백 명이나 되어 눈코 뜰 새가 없을 지경이야. 매일 실험과 학문에 매달리고 있네만 돈이 없어서 어찌해야 할지 모르겠네. 지금 나에게 제일 필요한 것은 양복 한 벌이야. 양복 한 벌 해 입을 돈이 없어서 사람들에게 경멸을 받고 있단 말일세. 50엔 정도 빌려 줄 수 있겠나? 지금 당장은 월급으로 겨우 살아가고 있지만 점차 사정이 나아질걸세. 그때 꼭 갚겠네. 좋은 소식, 기다리고 있겠네."

야스헤이는 고등 소학교 시절, 세이사쿠에게 한문 책을 사 주고 모금 운동에도 앞장 선 바로 그 친구였다. 그때 세이사쿠는 야스헤이 아버지를 찾아가 당당하게 차용증을 썼다. 물론 그 돈은 아직 갚지 못한 상태였다.

그 무렵, 야스헤이는 집에서 운영하는 가게가 잘되지 않아 힘든 상황이었다. 그러나 야스헤이는 편지를 받자마자 세이사쿠에게 50엔을 보냈다. 일본 최연소 의사가 된 세이사쿠는 친구들은 물론 아이즈 지방의 영웅이었던 것이다.

야스헤이가 보낸 돈으로 세이사쿠는 멋진 양복 한 벌을 맞췄다. 그리고 남은 돈으로는 흥청망청 술을 마셨다. 그 돈이 다 없어지는 데는 채 한 달도 걸리지 않았다.

"저 친구는 뭐야? 엊그제만 해도 누더기 옷 입은 거지더니 어디서 돈이 생겼길래 매일같이 술을 마셔 대는 거지?"

"어디서 생기기는. 이번에도 누구에게 돈을 뜯었겠지, 뭐. 치와키 선생에게 뜯은 돈만 해도 엄청날걸."

사람들은 세이사쿠만 보이지 않으면 흉을 보았다. 남들이 뭐라고 하건 세이사쿠는 아랑곳하지 않고 아무에게나 돈을 꾸었다. 세이사쿠를 아는 사람들 중에 돈을 빌려 주지 않은 사람이 드물 정도였다.

어느 날, 세이사쿠는 편지 한 통을 받았다. 어머니 시카로부터 온 편지였다. 세이사쿠가 어려운 의사 시험에 도전하는 동안 시카는 혼자 글자를 배워 정식 산파가 되었다. 아들에게 부끄럽지 않은 어머니가 되고 싶기 때문이었다. 어머니 편지를 받을 때마다 세이사쿠는 정신이 번쩍 들었다. 그때만큼은 세이사쿠도 착한 아들로 돌아갔다. 세이사쿠는 흥청망청 살아가는 자신의 생활에 죄책감을 느끼며 편지를 읽기 시작했다.

"세이사쿠, 잘 지내고 있느냐. 다름 아니라 코바야시 선생님 부인이 병원에 입원했다. 간장이 좋지 않다는구나. 선생님께서 너에게는 말씀하지 않으실 것 같아 내가 알린다. 너는 의사니까 각별히 신경을 써 드리렴. 코바야시 선생님이 아니었다면 오늘의 너도 없었을 테니 말이다."

편지를 받는 즉시 세이사쿠는 짐을 꾸렸다. 휴가 신청서를 제출한 세이사쿠는 곧장 고향 아이즈로 달려갔다.

"아니, 네가 여기 웬일이냐?"

아내 사까에를 간호하고 있던 코바야시가 불쑥 병실로 들어선 세이사쿠를 보고 깜짝 놀라 외쳤다. 의사 시험을 보기 위해 동경으로 떠난 지 벌써 3년, 그사이 코바야시 얼굴에도 주름살이 몇 개 늘어 있었다.

"사모님이 편찮으시다는 편지를 받고 곧장 달려오는 길입니다."

"바쁜 의사 선생이 뭘 여기까지……."

"무슨 말씀이세요, 선생님. 두 분은 제게 부모님 같은 분들입니다. 당연히 제가 와야지요."

세이사쿠는 친아들처럼 코바야시 아내 사까에를 간호했다. 시간이 나면 안주인이 없는 코바야시 집으로 달려가 청소를 하고 두부 따위의 반찬거리를 사다 요리도 했다. 정성스런 간호 덕분에 차츰 사까에 병이 나아지기 시작했다.

짬이 난 세이사쿠는 그때 유행하던 소설을 읽었다. 소설 주인

공은 노노구치 세이사쿠. 노구치 세이사쿠와 이름이 거의 똑같았다. 소설 주인공 노노구치 세이사쿠는 시골 출신 의사로 모두의 기대를 받는 사람이었다. 그러나 술과 여자에 빠져 타락한 삶을 살고 있었다. 세이사쿠는 커다란 충격에 휩싸였다. 바로 자신의 이야기였던 것이다. 세이사쿠는 이 소설을 코바야시에게 보였다. 코바야시도 소설 속 주인공이 세이사쿠 삶과 닮았다는 것을 인정하지 않을 수 없었다. 게다가 이 소설은 시골 사람들에게까지 인기를 끌어 모르는 사람이 없었다.

"선생님, 어떡하지요?"

코바야시는 사흘 만에 답을 내놓았다.

"이름을 바꾸는 건 어떻겠느냐?"

"이름을요? 어떻게요?"

"내가 며칠 동안 생각해 봤는데 노구치 히데요가 좋겠다. '히데'는 코바야시 집안에 대대로 내려오는 돌림자이고 영웅이라는 의미를 갖고 있다. 또한 '요'는 세계를 의미하지. 의사 영웅이 되어 세계에 좋은 업적을 남긴다는 의미도 된다."

"좋아요, 선생님! 노구치 히데요. 정말 좋습니다. 앞으로는 노구치 히데요로 살겠습니다."

코바야시가 걱정스런 얼굴로 말을 이었다.

“이름만 바꾸는 것으로는 안 된다. 이제부터 너는 노구치 히데요로 다시 태어나야 한다. 이름에 걸맞는 인생을 살아야 한다, 이 말이다.”

코바야시는 세이사쿠의 장점과 단점을 모두 정확히 알고 있었다. 코바야시 아내가 아프다는 말을 듣고 한달음에 달려와 정성스럽게 간호할 만큼 마음은 따뜻하지만, 돈을 아낄 줄 모르고 술을 좋아하며 남에게 도움 받는 것을 아무렇지도 않게 생각하는 것은 큰 문제였다.

어려서부터 세이사쿠를 지켜본 코바야시는 사람들의 야박한 평판이 늘 마음에 걸렸다. 누가 뭐래도 코바야시는 세이사쿠 마음을 잘 알고 있었다. 술을 좋아하여 절제하지 못하는 것은 아이즈 사람다운 특성이고, 돈을 아낄 줄 모르는 것은 어려서 돈을 써 본 적도 없거니와 돈에 얽매이지 않기 때문이었다. 세이사쿠의 관심은 오직 의학 공부에 쏠려 있었다. 공부에 집중한 나머지 다른 일은 아예 신경도 쓰지 않는 것이 세이사쿠의 장점이자 단점이었다. 그러나 모든 사람들이 코바야시처럼 세이사쿠를 이해해 줄 리 없었다. 그것이 코바야시는 늘 마음에 걸렸다.

"세이사쿠. 아니지, 이제부터 너는 노구치 히데요다. 이름이 부끄럽지 않은 사람이 되겠다고 약속하겠느냐?"

"예, 선생님! 열심히 노력해서 정말 좋은 의사가 되겠습니다. 노구치 히데요로 새롭게 태어나겠습니다."

세이사쿠는 이날 세이사쿠라는 이름을 버리고 노구치 히데요로 다시 태어났다.

세계를 가슴에 품고

노구치 히데요는 1898년 10월부터 전염병 연구소에서 일을 시작했다. 회양 의원에서 현미경을 본 이래로 히데요의 꿈은 세균학자였다. 그러나 세균학으로 유명한 전염병 연구소는 동경 제국대학 출신이 아니면 들어갈 수 없는 곳이었다. 히데요는 세균학자가 되고 싶다는 열정으로 치와키를 졸랐다. 치와키가 아는 사람들을 모두 통하여 추천한 덕분에 히데요는 최고 인재들만 들어갈 수 있다는 전염병 연구소 직원이 되었다. 물론 조수이긴 했지만 월급도 13엔으로 순천당 의원과는 비교할 수 없었다.

히데요는 실험복을 입은 채 헐레벌떡 달려와 조심성 없이 문을 벌컥 열고 소장실로 들어갔다.

"무슨 일이십니까, 소장님?"

전염병 연구소 소장 기타자토는 놀란 기색도 없이 앉으라고 손짓을 하며 말했다.

"자네가 해 줄 일이 있네. 지금 당장 제국 호텔로 가게."

"일하는 중인데 호텔은 왜요?"

소장이 부른다는 소리에 시간이 아까워 허겁지겁 달려온 히데요는 일을 중단해야 한다는 사실에 짜증이 나서 퉁명스럽게 물었다. 히데요는 윗사람이든 누구든 하고 싶은 말은 하고야 마는 성격이었다.

"가서 존스 홉킨스 대학 병리학 교수 사이먼 플렉스너 씨를 찾게. 그분을 모시고 연구소로 와서 안내를 좀 해 줘야겠네."

그 무렵 필리핀 마닐라에 적리라는 전염병이 돌고 있었다. 조사를 위해 파견된 사이먼 플렉스너 교수 일행은 적리균을 발견한 일본인 시가를 만나기 위해 일본을 방문했다. 플렉스너 교수는 전염병 연구소도 견학하고 싶어 했는데 문제는 통역이었다. 그때는 영어를 통역할 수 있는 사람이 흔치 않았다. 독학이라 발음은 엉망이었지만 그래도 연구소에서는 히데요가 영어에 제일 뛰어났다. 덕분에 히데요는 플렉스너 교수 일행의 통역을 맡게 되었다.

"히데요 씨, 고맙습니다."

견학이 끝나고 호텔로 돌아온 플렉스너 교수가 예의를 차려 인사말을 건넸다. 히데요는 교수 손을 덥석 잡으며 물었다.

"일본은 세균학 연구가 아직 늦은 편이므로 미국에 건너가 본격적인 연구를 하고 싶은데 어떻게 생각하십니까?"

"좋은 생각입니다. 오신다면 힘이 되어 드리지요."

"정말이십니까?"

그저 의례적인 인사를 건넸을 뿐인 플렉스너 교수는 당황한 기색이 역력했다. 히데요를 처음 만난 플렉스너 교수는 히데요가 한다면 하는 사람인 것을 알 리 없었다.

"정말 고맙습니다, 교수님. 미국에 가면 꼭 찾아뵙겠습니다. 그때, 잘 부탁합니다."

당장 유학을 가기라도 할 것처럼 히데요는 잔뜩 들떠서 몇 번이나 고개를 숙였다. 그제야 플렉스너 교수는 히데요 말이 진심이라는 것을 깨닫고 얼른 발뺌을 했다.

"미국에 오셔도 제가 곧 펜실베니아 대학으로 전근을 가게 되니까 상황이 달라질 겁니다."

그러나 미국이라는 새로운 희망을 품게 된 히데요 귀에는 플렉스너 교수의 뒷말이 전혀 들리지 않았다.

얼마 뒤 중국에서 페스트(14세기 유럽에 퍼진 대표적인 전염병)가 발생했다. 세계 각국이 국제 예방 위원회를 조직해서 의사들을 파견하였다. 일본 전염병 연구소의 기타자토 소장은 히데요를 일본 대표 열다섯 명 중 한 사람으로 선발했다.

히데요가 해외로 떠난다는 소식이 퍼지자 빚쟁이들이 몰려와 돈을 갚으라고 아우성이었다. 빚을 갚고 나자 중국 갈 돈이 없었다. 히데요는 이제 막 결혼한 치와키를 찾아갔다. 보통 사람이라면 헤픈 씀씀이에 대해 설교를 늘어놓았겠지만 치와키는 아무 말도 하지 않고 신부의 새 옷을 팔아 돈을 만들어 주었다. 친구들이 치와키를 나무랐다.

"자네는 왜 그런 사람에게 자꾸 돈을 주는 건가? 자네가 힘들여 번 돈을 하루 이틀이면 술값으로 다 탕진할 텐데. 그자는 사기꾼이야. 부탁을 자꾸 들어주면 점점 더 큰 사기를 치게 될걸세."

그러나 치와키는 빙긋 웃으며 고개를 저었다.

"히데요는 절대 그런 사람이 아니야. 공부 외에는 해 본 적이 없어서 자기를 통제하지 못하고 하고 싶은 대로 할 뿐이지. 두고 보게나. 히데요는 우리와 그릇이 다른 사람이야. 언젠가 세계적인 의사가 될걸세."

치와키가 장담했지만 아무도 그 말을 믿지 않았다. 사람들에게 히데요는 조막손이에 술꾼, 흥청망청 돈을 쓰는 난봉꾼일 뿐이었다. 사람들은 히데요의 겉모습만 보고 욕을 했지만 치와키는 겉모습에 가려진, 순진하고 열정적인 천재의 내면을 보고 있었던 것이다.

히데요는 이번에도 치와키 도움으로 간신히 돈을 마련할 수 있었다. 마침내 중국행 배가 출발했다. 다른 의사들은 중국어 사전을 손에 들고 중국어 공부를 시작했다. 그러나 히데요는 중국인 인부들이 일하는 곳으로 내려갔다.

"대체 저자는 뭐 하는 거야? 의사라는 자가 잡일꾼들과 어울려 지내다니……."

"그러게 말입니다. 미꾸라지 한 마리가 물을 흐린다더니 저자 때문에 의사 품위가 땅에 떨어지겠군요."

동경 제국 대학 의학부를 나온 의사들은 하나같이 히데요를 비난했다.

열흘 뒤, 마침내 중국에 도착했다. 중국 관리들이 일본 의사들을 맞이하러 나왔다. 그러나 말이 통하지 않아 서로 꿀 먹은 벙어리로 마주 보기만 했다. 그때였다. 뒷줄에서 누군가 앞으로 나오며 말했다.

"이렇게 맞아 주시다니 정말 감사합니다."

그제야 중국 관리들 얼굴에 웃음이 떠올랐다.

"중국 말을 할 줄 아시는군요! 성함이……."

"예. 저는 노구치 히데요입니다. 여기 이분은……."

중국 잡일꾼들과 어울린다고 욕을 했던 의사들은 히데요의 소개에 따라 한 사람씩 중국 관리들과 인사를 나눴다. 말을 배우는 데는 사전보다 현지인들과 어울리는 편이 훨씬 유리했던 것이다.

진료를 시작한 지 몇 시간 지나지 않아 환자들이 히데요 앞에만 줄지어 섰다. 말이 통할 뿐만 아니라 히데요가 허름한 옷을 입은 가난한 사람들을 차별하지 않기 때문이었다.

이곳에서도 히데요는 열성적으로 일해서 중국 정부로부터 감사장을 받았다. 진료만 한 것이 아니었다. 히데요는 페스트균 실험을 해서 영어로 논문을 작성해 그것을 미국 플렉스너 교수에게 보냈다. 히데요는 귀국만 하면 곧 미국 유학을 떠날 생각이었다.

6개월이 지났다. 그제야 히데요는 모아 둔 돈이 하나도 없어 미국 유학을 떠날 수 없다는 사실을 깨달았다. 해외 파견 근무라 월급이 꽤 많았는데도 사람들과 어울려 술을 마시다 보니 한 푼도 남지 않은 것이다.

때마침 국제 위생국이 몇 달만 더 있어 달라고 히데요를 붙잡았다. 유학 자금을 만들기 위해 히데요는 혼자 중국에 남았다. 이번에는 이를 악물고 석 달 동안 월급을 모았다. 매일매일 술 생각을 떨치기가 쉽지 않았지만 그때마다 히데요는 미국 유학을 생각했다.

어느 날, 중국에서 사귄 한 친구가 히데요를 찾아왔다. 친구는 머뭇거리며 좀처럼 말을 꺼내지 못했다.

"대체 무슨 일인데 그러나?"

"그게 말이야. 정말 미안한데…… 돈 좀 빌려 줄 수 있겠나? 집에 어려운 일이 있어서……. 한 달 뒤에 꼭 갚겠네."

히데요는 미국 유학을 위해 그 좋아하는 술도 참고 모았던 돈을 선뜻 친구에게 내 주었다. 히데요는 돈을 빌리는 데도 빌려 주는 데도 대책 없는 선수였다.

며칠 뒤, 중국에 난리가 일어나고 외국인을 몰아내는 운동이 벌어졌다. 외국인 모두 중국을 떠날 수밖에 없었다. 결국 히데요는 빌려 준 돈도 받지 못한 채 빈털터리로 돌아왔다. 그러나 중국에서의 활동 덕분에 히데요 이름은 해외로 널리 알려졌다.

히데요는 고향으로 돌아갔다. 뜻을 이루지 못하면 절대 돌아오지 않으리라는 각오로 고향을 떠난 지 4년, 그사이 조막손이 세이사쿠는 동경 제국 대학 출신도 들어가기 어렵다는 전염병 연구소 직원이자 정부가 해외에 파견한 유명한 의사, 노구치 히데요가 되어 있었다. 고향에서 히데요는 이미 유명 인사였다.

고등 소학교 시절 친구인 야고 야스헤이를 만나러 간 히데요는 중국에서의 무용담을 실컷 늘어놓은 뒤 이렇게 말했다.

"일본 의학계는 아직 초보 수준이야. 의학을 제대로 하려면 독일이나 미국으로 가야 해. 미국으로 유학을 가면 존스 홉킨스 대학 플렉스너 교수가 도와주기로 했는데, 중국에 난리가 나는 바람에 돈을 한 푼도 건지지 못했으니……."

히데요는 땅이 꺼져라 한숨을 푹 내쉬었다. 그런 히데요를 가만히 바라보던 야스헤이가 입을 열었다.

"미국 유학을 가려면 얼마나 필요한 거야?"

"뱃삯에다 얼마 동안 생활할 비용까지 해서 500엔 정도……."

500엔. 그때로서는 엄청난 돈이었다. 의사인 히데요 월급이 13엔에 불과했다. 히데요는 야스헤이가 그 돈을 만들 수 있을 거라고는 기대하지 않았다. 돈을 빌릴 생각으로 말을 꺼낸 것도 아니었다. 그저 고민을 털어놓았을 뿐이고 야스헤이가 묻기에 대답을 했을 뿐이었다. 그런데 한참 고민하던 야스헤이가 고개를 끄덕이며 말했다.

"좋아, 어떻게든 내가 만들어 보지."

"그게 정말이야? 야스헤이! 고맙다. 정말 고마워."

그 정도 돈을 마련하려면 야스헤이는 아마 재산을 팔아야 할 터였다. 그러나 히데요는 기쁨에 들떠서 야스헤이 사정 같은 건 헤아릴 정신조차 없었다. 신이 난 히데요는 곧장 코바야시에게 달려갔다.

"선생님! 유학을 갈 수 있게 됐습니다. 야스헤이가 돈을 만들어 보겠답니다."

코바야시는 침통한 얼굴로 대답이 없었다. 당연히 자기 일처럼 기뻐해 줄 것이라고 생각했던 히데요는 당황해서 조심스레 물었다. 그제야 자기가 뭘 잘못한 게 아닌가 하는 생각이 들었다. 순진한 히데요는 잔뜩 주눅이 들어서 물었다.

"저…… 그러면 안 됩니까?"

"물론 돈이 필요하겠지만 언제까지 남에게 도움만 받을 수는 없지 않겠느냐? 배수진을 치고 굳은 각오로 스스로 헤쳐 나갔으면 싶다만……."

코바야시는 아들 같은 히데요가 남의 입에 오르내리는 게 싫었다. 그렇지 않아도 히데요가 염치없이 남의 돈을 막 쓴다고 흉보는 사람들이 많았다. 코바야시 말이 끝나자마자 히데요는 자리에서 벌떡 일어났다.

"죄송합니다, 선생님. 제 생각이 짧았습니다. 선생님 말이 옳아요. 어떻게든 제 힘으로 해 보겠습니다."

코바야시 말에 감동을 받은 히데요는 곧장 야스헤이에게 달려가 주기로 한 돈을 거절했다. 돈에 관해 히데요는 늘 이런 식이었다.

히데요는 한 가지 생각에 빠지면 벗어나지 못하는 외골수였다. 히데요는 자나 깨나 유학 생각밖에 하지 않았다. 그러나 남에게 의지하지 않는 한 그만한 돈이 생길 리 없었다. 히데요는 어느 날 자기 딸과 결혼하겠다고 약속하면 유학 자금을 대 주겠다는 한 부인의 말에, 덥석 약속을 해 버렸다.

히데요의 유학을 축하하며 많은 사람들이 돈을 모아 주었다. 코바야시 부인도 200엔을 만들었다. 200엔은 그때 교사 월급의 일 년 치도 넘었다. 이 돈을 코바야시 부인은 부업으로 힘들게 마련했다. 아들 같은 히데요에게 그 돈을 주면서 코바야시 부인은 말했다.

"히데요. 어디 가서든 잊지 말아야 할 게 세 가지가 있다. 첫째,

어머니 시카의 은혜. 둘째, 부처님의 자비. 셋째, 히데요 너의 왼손. 이 세 가지만 가슴속에 깊이 새겨 넣으면 길을 잘못 들지 않고 꼭 성공할 것이다. 잊지 마, 히데요."

어머니 시카는 나이 쉰 살에 할머니처럼 폭삭 늙어 버렸다. 어머니의 주름진 얼굴과 부모나 다름없는 코바야시 부부를 뒤로 한 채 히데요는 고향을 떠났다. 히데요 손에는 결혼하기로 약속한 나이토가에서 받은 돈까지 500엔이 넘게 있었다.

출발을 앞두고 며칠 동안 히데요는 친구들과 환송회를 열었다. 어느 날 술에서 깨어난 히데요는 새파랗게 질렸다. 남은 돈이 30엔뿐이었던 것이다. 아직 미국행 표도 끊지 않은 상태였다. 놀라고 당황한 히데요는 치와키에게 달려가 무릎을 꿇었다. 자신의 잘못을 후회하고 뼈저리게 뉘우쳤지만 돈은 이미 사라진 뒤였다. 대범한 치와키도 이날은 아무 말도 하지 못했다.

어떻게 할까 고민하던 치와키는 친구들을 찾아가는 대신 고리대금업자를 찾아갔다. 친구에게 돈을 빌리면 히데요 때문이라는 것을 알게 될 것이고, 그러면 히데요에 대한 믿음이 땅에 떨어질 터였다. 히데요를 지켜 주기 위해 치와키는 비싼 이자를 물고 고리대금업자에게 돈을 빌린 것이었다. 히데요는 그 사실을 알고 나

서 어린아이처럼 엉엉 울었다.

미국으로 향하는 배의 갑판까지 배웅한 치와키가 말했다.

“미국에 가면 이제 도와줄 사람이 없다. 그러니 각오를 단단히 해라.”

넉살 좋은 히데요도 차마 뭐라 입이 떨어지지 않았다.

“이제까지의 잘못을 말끔히 지울 수 있는 훌륭한 사람이 되어서 돌아오너라. 사자는 자기 새끼를 낳은 지 사흘 만에 절벽에서 떨어뜨린다고 하지 않더냐. 지금 너를 보내는 내 심정이 꼭 그렇다. 절대 잊지 마.”

뱃고동이 울렸다. 치와키는 말썽 많은 제자 손을 놓고 배에서 내렸다. 1900년 12월 5일. 노구치 히데요는 자신의 잘못을 가슴 아파하며, 치와키와 코바야시 부부, 그리고 아직도 고된 일에서 벗어나지 못한 어머니의 걱정을 뒤로 한 채 미국이라는 미지의 세계로 향했다.

의학의 캔버스에
동트는 새벽을 그리다

월급 8달러의 잡부

1900년 12월 23일, 요코하마를 떠난 지 18일 만에 히데요가 탄 배는 미국 샌프란시스코에 도착했다. 가야 할 곳은 필라델피아. 기차를 타고 로키 산맥을 넘어 필라델피아에 도착한 것은 크리스마스가 지난 뒤였다. 히데요는 마차를 타고 펜실베니아 대학 의학부에 도착했다. 방학이라 텅 빈 교정에는 스산한 바람만 불고 있었다. 플렉스너 교수 연구실 앞에 도착한 히데요는 반가운 마음에 쾅쾅 문을 두드렸다.

"들어오십시오."

방학인데도 플렉스너 교수는 다행히 연구실에 나와 있었다.

"접니다, 교수님!"

느닷없이 나타난 동양인을 보고 플렉스너 교수의 눈이 휘둥그레졌다.

"이전에 말씀 드린 대로 박사님을 의지하고자 찾아왔습니다.

대학 조교로 일하게 해 주십시오."

플렉스너 교수는 정말로 눈앞에 나타난 히데요 앞에서 말을 잇지 못했다. 게다가 플렉스너 교수는 존스 홉킨스 대학에서 펜실베니아 대학으로 옮긴 지 얼마 되지 않아 누구를 도와줄 형편이 아니었다.

"학비는 있습니까?"

"아뇨, 전혀 없습니다."

태평하기 짝이 없는 대답이었다.

"그럼, 머물 곳은 있습니까?"

히데요가 머리를 긁적이며 대답했다.

"없는데요. 여기 아는 사람이라곤 교수님뿐입니다."

넋이 나간 표정으로 히데요를 물끄러미 바라보던 플렉스너 교수가 주섬주섬 외투를 챙겨 입었다.

"따라오십시오. 싼 숙소로 안내하겠습니다."

플렉스너 교수가 소개한 숙소는 아주 싼 다락방이었다. 좁아서 불편하기도 했지만 퀴퀴한 냄새가 코를 찔러 참기가 어려울 정도였다. 그러나 히데요는 공부만 할 수 있다면 퀴퀴한 냄새도, 엄청나게 큰 바퀴벌레도 얼마든지 참을 수 있었다.

얼마 뒤, 플렉스너 교수가 보낸 사람이 히데요를 찾아왔다.

"우리 대학에는 외국인을 고용하지 않는 규정이 있어서 교수님도 어쩔 수가 없다고 합니다. 여기서 포기하시는 게 좋을 것 같습니다."

그 말을 듣는 순간, 히데요 머릿속이 하얗게 비었다. 낙천적인 히데요는 이런 상황이 닥칠 수도 있다는 것을 상상조차 해 보지 못했다. 미국에만 오면 모든 것이 잘될 거라고 철석같이 믿고 있었다. 히데요는 쓰러지듯 침대에 몸을 뉘었다. 좁은 창문으로 점점 어두워지는 하늘이 보였다. 창문이 덜컹거리며 살을 에일 듯한 찬바람이 스며들었다. 히데요는 불을 켤 힘조차 남아 있지 않았다. 주머니에 든 것은 달랑 23달러.

이제 어떻게 해야 할까.

히데요 마음도 창밖 하늘처럼 칠흑 같이 어두웠다.

얼마나 시간이 흘렀을까. 히데요는 벌떡 일어나 가까이 있던 종이를 집어 들었다. 추위에 곱은 손을 호호 불며 히데요는 미친 듯 그림을 그리기 시작했다. 커다란 하늘에 별이 반짝이고, 그 밑으로 쓸쓸한 길이 있는 그림이었다. 길옆에는 커다란 뱀이 또아리를 틀고 있었다. 히데요의 미래는 어둡기만 했다.

다음 날 아침, 히데요는 다시 플렉스너 교수를 찾아갔다. 어떻게든 플렉스너 교수를 붙잡아야만 했다. 히데요에게 플렉스너 교수는 유일한 구원이요, 희망이었다.

"교수님. 죽음을 무릅쓰고 일하겠습니다. 부탁합니다."

히데요는 정말 죽음도 마다하지 않을 작정이었다. 플렉스너 교수는 차마 그 눈빛을 정면으로 바라보지 못했다. 딱한 표정으로 자그마한 체구의 동양인을 바라보던 교수가 마침내 고개를 끄덕였다.

"어떻게든 방법을 찾아보겠소."

하루 이틀, 죽음 같은 시간이 흘러갔다. 휴일이 낀 12월 마지막 주에는 문을 연 가게조차 없었다. 히데요는 얼음처럼 딱딱하고 찬 빵 조각으로 끼니를 떼우며 플렉스너 교수의 연락을 기다렸다. 그러나 낯선 동양인이 묵고 있는 다락방을 찾는 이는 아무도 없었다.

새해 첫날, 태양이 밝았다. 여러 날을 굶다시피 했지만 히데요는 배가 고픈 줄도 몰랐다. 계단을 올라오는 발소리가 들렸다.

제발…….

그 발소리가 자기 방 앞에서 멈추기를 히데요는 간절히 기도했다. 꿈처럼 발소리가 방문 앞에서 멈췄다. 히데요는 벌떡 몸을 일

으켰다.

똑똑똑. 누군가 방문을 두드렸다. 히데요는 바람처럼 달려가 문을 열었다. 금발의 젊은 대학생이었다.

"히데요 씨입니까?"

히데요는 열심히 고개를 끄덕였다.

"플렉스너 교수님이 찾으십니다."

히데요는 옷을 갈아입을 겨를도 없이 대학 연구실로 달려갔다. 플렉스너 교수는 형편없이 구겨진 옷차림에 얼굴이 벌게진 채 숨을 헐떡이는 히데요를 물끄러미 바라보며 물었다.

"독사에 대해 연구한 적이 있습니까?"

히데요는 말을 잇지 못했다. 독사라면 일본 전염병 연구소에서 한 선배가 연구하는 것을 어깨너머로 보았을 뿐이다. 그러나 여기서 아니라고 하면 모든 희망이 사라지고 말 터였다. 히데요는 꿀꺽 침을 삼켰다.

"예! 조금은 알고 있습니다. 더 공부해 보고 싶습니다."

플렉스너 교수는 안도의 한숨을 내쉬었다. 지난 며칠 동안 플렉스너 교수는 이 일본인의 일자리를 구하기 위해 갖은 방법으로 알아보았다. 그러나 영어 발음도 형편없는 동양인이 일할 곳을 찾기란 쉽지 않았다. 독사를 연구한 적이 없다면 플렉스너 교수로서도 더 이상은 어떻게 할 수 없는 상황이었다. 사실, 이것도 순전히 히데요를 위해 만들어 낸 자리였다.

"잘됐습니다. 그렇다면 내 개인 조수로 일해 보겠습니까? 하지만 식비 정도로 한 달에 8달러밖에 줄 수 없습니다."

히데요는 열심히 고개를 주억거렸다.

집으로 돌아오는 길, 히데요는 휴일이라 텅 빈 거리를 내달리며 환호성을 질렀다. 지난 열흘 남짓 겪은 절망과 고통을 까맣게 잊은 채 히데요는 다시 희망에 들떴다. 보잘것없지만 어쨌든 미국에서 첫발을 내디딘 것이다. 어린 시절, 어머니에게 지지 않겠다고 약속한 뒤로 히데요는 절망이라는 단어를 아예 지워 버렸다. 절망을 모르는 히데요 머릿속에서는 희망찬 미래가 파노라마처럼 펼쳐졌다.

독사를 두려워하지 않는 동양인

샘이 토끼가 든 상자를 들고 나타났다. 샘은 뱀 사육실을 맡고 있는 흑인 노동자였다. 흘깃 샘을 바라본 히데요는 잔뜩 눈살을 찌푸리며 사육실 한쪽 끝에 있는 연구실로 향했다.

"히데요, 언제까지 그럴 거야? 뱀을 연구하는 사람이 먹이 먹는 것도 보지 못한다는 건 말이 안 되는 거 아냐?"

샘이 히데요를 놀리며 토끼 한 마리를 뱀 우리로 휙 집어넣었다. 히데요는 등을 돌린 채 귀를 틀어막았다. 지금쯤 뱀 우리에 떨어진 토끼는 공포에 질려 정신을 잃기 직전일 것이다. 그리고 뱀은 불쌍한 토끼를 향해 입을 벌릴 것이다. 히데요는 마치 자기가 뱀 우리에 던져진 토끼인 양 가슴이 쓰라렸다. 히데요는 자기도 모르게 쾅 하고 탁자를 내리쳤다. 연구원 게이가 그 모습을 보고 피식 웃음을 터뜨렸다.

"자네도 참……. 과학자가 너무 감상적인 것 아니야? 과학 발전을 위해서는 어쩔 수 없는 희생도 있어야 한다는 걸 잘 알지 않나."

물론 히데요도 알고 있었다. 뱀에게 먹이를 먹이지 않으면 뱀이 살지 못하고, 그러면 뱀독 연구를 할 수 없다. 뱀독을 제대로 연구해서 혈청을 만들지 않으면 해마다 수많은 사람들이 뱀에 물려 죽을 것이다. 알면서도 히데요는 뱀에게 먹히는 토끼가 안타까워 견딜 수가 없었다.

살아 있는 토끼가 뱀에게 먹힐 때 얼마나 고통스러울까…….

히데요는 머리를 감싸 쥐고 괴로워했다. 누군가 부드럽게 히데요 어깨를 두드렸다. 샘이었다. 샘 손에는 햄버거가 들려 있었다.

"어제도 연구실에서 밤을 샌 거지? 이거라도 먹어 둬. 먹지도 않고 자지도 않고 연구만 하다가는 쓰러질 거야."

잔일을 하는 샘 월급은 히데요와 비슷했다. 그 돈으로 샘은 아내와 아이들과 생활했다. 그때만 해도 미국에서 흑인들의 삶은 노예와 다를 바 없었다. 힘든 처지여서 그런지 샘은 히데요의 마음을 누구보다 잘 알았다. 연구에 몰두하느라 자주 끼니를 거르는 히데요를 챙겨 주는 사람도 샘뿐이었다.

뱀 먹이가 된 토끼 때문에 우울하던 히데요는 햄버거를 우걱우걱 쑤셔 넣고 다 씹지도 않은 채 소리쳤다.

"샘! 이제 일을 시작하자고."

"쯧쯧. 소화나 시킨 다음에 하자고. 누가 쫓아오는 것도 아닌데 뭐가 그리 급한 거야?"

히데요의 닦달에 못 이겨 샘은 둥근 고리가 달린 봉을 잡아 들었다. 우리에 든 뱀들은 모두 강한 독을 지닌 독사들이었다. 자칫 실수해서 물리기라도 하면 목숨이 위험했다. 요즘은 뱀독에 관한 연구가 상당히 발전해서 치료제인 혈청이 개발되어 있지만, 그때는 이제 막 연구가 시작된 단계였다.

뱀 우리 뚜껑을 열자 긴장한 뱀들이 대가리를 빳빳하게 세운 채 긴 혀를 날름거리기 시작했다. 샘이 재빨리 봉을 휘둘렀다. 눈 깜짝할 사이에 봉에 걸린 둥근 고리가 뱀 머리를 낚아챘다. 샘은 조심스럽게 봉을 들어 올렸다.

샘이 잡은 뱀은 가라가라뱀으로 독이 어찌나 센지 한 숟가락쯤 되는 양으로 백 명 이상의 목숨을 앗을 수 있었다. 연구원 게이가 잔뜩 긴장한 얼굴로 가라가라뱀 몸통을 붙잡았다. 뱀이 몸통을 마구 흔들었다. 힘을 주느라 게이 얼굴이 붉게 달아올랐다. 고무장갑을 낀 히데요가 익숙한 솜씨로 뱀 입을 비틀었다. 위협을 느낀 뱀이 독을 내뿜었다. 접시 위에 담황색 투명한 독이 뚝뚝

떨어졌다.

불쌍한 토끼들을 구하려면 하루라도 빨리 혈청 개발에 성공해야 해.

뱀독을 채취한 히데요는 또다시 연구에 몰두했다.

뱀독이 사람 몸에 들어가면 적혈구를 용해시킨다. 산소를 운반하는 적혈구가 용해되면 사람은 목숨을 잃는다. 독을 중화시키기 위해 뱀독에서 채취한 혈청을 사람에게 주사하면 면역이 생겨서 살 수 있는데, 이것이 히데요의 연구 과제였다.

그날 밤, 히데요는 어두운 밤거리를 걷고 있었다. 깊은 생각에 잠긴 히데요는 소나기가 퍼부어 온몸이 젖는 것도 알지 못했다. 월넛가 한 저택 앞에서 멈춘 히데요는 마구 문을 두드렸다. 잠시 뒤 이 층에서부터 발소리가 들리더니 백발 노인이 급히 문을 열었다.

"누구십니까?"

히데요는 품속에서 플렉스너 교수의 추천장을 꺼냈다. 추천장은 비에 젖어 글씨를 알아보기 어려웠다.

"저는 플렉스너 교수 밑에서 일하는 노구치 히데요입니다. 선생님께 여쭤 볼 게 있습니다."

며칠 전 플렉스너 교수는 워싱턴으로 출장을 떠났다. 3개월이나 걸리는 긴 출장이었다. 교수는 혼자 남겨질 히데요가 걱정스러워 신경병의 대가인 와이어 미첼 교수에게 추천장을 써 주었다. 고민거리가 생기자 히데요는 플렉스너 교수 추천장만 믿고 무작정 찾아온 참이었다. 미첼 교수는 바지춤에 달린 회중시계를 꺼내 유심히 들여다보았다. 밤 열 시가 지나고 있었다. 처음 보는 사이에 방문하기에 적당한 시간은 아니었다.

"선생님, 도대체 왜 적혈구가 용해되는 겁니까? 현미경을 아무리 들여다봐도 그 이유를 모르겠습니다."

히데요는 미첼 교수가 난처해하는 것은 아랑곳없이 현관 앞에서서 고민을 털어놓았다. 희미한 불빛 아래 히데요의 두 눈이 전등처럼 반짝거렸다. 미첼 교수가 허허 사람 좋은 웃음을 터뜨리면서 활짝 문을 열었다.

"그 궁금증을 풀지 않고서는 오늘 밤 잠도 못 잘 것 같은 얼굴이군요. 들어오세요."

그다음부터 히데요는 무슨 일만 생기면 미첼을 찾아갔다. 대학에서 은퇴한 백발의 미첼과 히데요는 호기심 많은 소년들처럼 두 눈을 빛내며 뱀독 이야기로 시간을 보내곤 했다. 어느 날, 미첼과 신나게 토론을 하고 온 히데요는 기쁨에 들떠 편지를 쓰기 시작했다.

치와키 선생님께

드디어 평생 동안 제가 해야 할 일을 정했습니다. 여러 가지 독으로 인해 목숨을 잃는 사람들이 많습니다. 그런 사람들을 위해 독을 연구해서 면역을 키우는 방법을 찾으려고 합니다. 선생님, 처음 미국에 왔을 때는 오직 성공하고 싶다는 생각뿐이었습니다. 하지만 지금은 의학 연구를 위해서 일생을 바쳐야겠다는 생각뿐입니다. 성공의 반은 자기 노력에 달려 있지만 나머지 반은 운명이 아닐까 싶습니다. 저는 우선 지금 이 순간에 최선을 다하려고 합니다. 내일 날씨가 좋든 나쁘든 조금도 염두에 두고 있지 않습니다.

노구치 히데요 드림

석 달 뒤, 플렉스너 교수가 출장에서 돌아왔다. 플렉스너 교수가 가방을 풀기도 전에 히데요가 싱글거리며 연구실로 들어왔다. 히데요 가슴에는 종이 뭉치가 잔뜩 안겨 있었다. 히데요는 그것들을 플렉스너 교수 책상 위에 자랑스럽게 내려놓았다.

"그게 뭔가?"

"교수님께서 말씀하셨던 연구 논문입니다."

출장을 떠나기 전, 플렉스너 교수는 히데요에게 그동안 연구한 것을 논문으로 집필하라는 과제를 맡겼다. 물론 논문 집필을 실제로 해내리라고는 기대하지 않았다. 다만 자기가 없어도 최선을 다하라는 의미에서 과제를 내준 것뿐이었다. 그런데 고작 석 달 만에 연구 논문을 완성한 것이었다. 영어에 능숙한 연구원이라도 쉽지 않은 일이었다.

플렉스너 교수는 기대도 하지 않고 논문을 펼쳐 들었다. 대충 흉내나 냈을 거라고 생각했기 때문이다. 논문을 읽어 나가던 플렉스너 교수 눈이 휘둥그레졌다. 정식 논문으로도 나무랄 데가 없을 정도였다.

"이걸 정말 자네가 썼단 말인가?"

"예!"

플렉스너 교수는 놀라움을 감추지 못했다. 출장에서 돌아온 뒤 플렉스너 교수는 여러 사람들로부터 히데요에 관한 이야기를 들었다. 도무지 집에 들어가지를 않는다는 것이었다. 한 연구원은 심각한 얼굴로 묻기도 했다.

"교수님, 동양인은 서양인에 비해 원래 잠이 적은 겁니까? 히데요 그 친구는 도무지 자지를 않습니다. 그러고도 하루 종일 실험실을 휘젓고 다닙니다. 그 동양 친구, 정말 체력 하나는 대단합니다."

일본 사람에 비해서도 체격이 왜소한 히데요가 미친 듯 연구를 파고든 것은 체력이 좋아서가 아니었다. 열정이 넘치기 때문이었다.

"히데요, 이 논문을 조금만 더 보충하게. 학회에서 발표해도 좋겠어."

플렉스너 교수는 기분이 좋아서 어깨를 잔뜩 젖힌 채 실험실을 향해 달려가는 히데요 뒷모습을 안쓰러운 듯 한동안 지켜보았다. 그러고 보니 플렉스너 교수는 히데요가 천천히 걷는 모습을 본 적이 없었다. 일분일초라도 아껴 연구에 쏟기 위해서라는 것을 플렉스너 교수는 그제야 깨달았다.

1900년 11월, 필라델피아에서 '미국 과학 학회' 총회가 열렸다. 이 총회에 참석하는 사람은 고작 백 명에 불과했다. 존스 홉킨스 대학 총장을 비롯하여 미국 자연 과학계 최고 수재들이 학회장을 가득 메웠다. 히데요는 연단으로 나가기 전, 숨을 깊이 들이마셨다. 플렉스너 교수가 말했다.

"천하의 노구치 히데요도 긴장할 때가 있나? 떨 거 뭐 있어. 나를 처음 찾아왔던 배짱으로 덤벼 보라고!"

미첼도 다정하게 히데요 등을 두드렸다. 미첼과 히데요는 박수를 받으며 연단으로 나갔다. 둘은 공동 이름으로 '뱀독의 용혈성 세균과 독성에 관한 예비적 연구'라는 논문을 발표했다. 미첼이 발표하고 히데요는 옆에서 직접 실험을 해 보였다. 이날 두 사람이 발표한 논문은 미국의 유명한 과학 잡지에 실렸다. 이 연구 덕분에 히데요는 카네기 과학 연구소에서 무려 2천 달러의 장학금을 받았다. 히데요의 논문은 일본은 물론 유럽까지 널리 알려졌다. 미국에 온 지 고작 일 년, 끼니를 걱정하던 일본 청년이 그 짧은 시간에 미국 최고 과학자들과 어깨를 나란히 하게 된 것이다.

백만 번의 실패

1907년, 필라델피아 이스트강에 하얀 물안개가 피어오르기 시작했다. 강가에 세워진 록펠러 재단 의학 연구소는 아직 어둠에 잠겨 있었다. 록펠러 재단 건물 중 환하게 불을 밝힌 곳은 오직 한 군데였다.

서른네 살이 된 히데요는 벌써 3년째 매독 연구에 매달리고 있었다. 그사이 히데요에게는 많은 일이 있었다. 플렉스너 교수 추천을 받아 덴마크 유학을 다녀왔고, 뱀독 분야에서 여러 가지 발견을 하여 100편이 넘는 연구 논문을 발표했다. 미국 대학에서 연구하는 사람들이 일 년에 한 편 정도의 논문을 발표하는 것에 비하면 놀라운 성과였다. 펜실베니아 대학에서도 그 성과를 인정하여 대학조차 졸업하지 못한 히데요에게 명예 석사 학위를 수여했다.

뱀독 연구에서 세계적인 권위자가 된 히데요는 1906년 무렵부터 매독 연구로 방향을 틀었다. 뱀독 연구가 어느 정도 완결된 데다 수백만 사람들이 매독으로 목숨을 잃고 있기 때문이었다. 얼마나 많은 사람들이 목숨을 잃었는지 '망국병'이라는 별칭이 붙을 정도였다. 성적 접촉을 통해 전염되는 매독은 뇌 신경이나 혈관에 침투할 뿐만 아니라 태아에게까지 전염되는 무서운 질병이었다. 그러나 매독을 일으키는 병원체에 대해서는 아직 확실하게 밝혀지지 않은 상태였다.

1906년, 세계 최초로 매독 병원체인 트레포네마 팔리덤을 발견한 사람은 독일의 샤우딘이었다. 샤우딘은 세균학자가 아니라 아메바와 짚신벌레 같은 원생동물을 연구하는 생물학자였다. 샤우딘은 보통 세균학자와 달리 특정 병원체를 염색하는 방법을 통해 매독 병원체를 발견했다.

"역시 천재는 달라."

사람들은 샤우딘을 천재라고 칭송했다. 그러나 히데요 생각은 달랐다.

천재 같은 게 어딨어. 다른 사람의 세 배든 네 배든 열심히 하는 사람이야말로 천재야.

다른 사람들은 히데요도 천재라고 생각했다. 그러나 히데요가 미국 유학 10년 동안 이룩한 모든 성과는 힘겨운 노력의 결과였다.

매독 연구를 시작한 지 얼마 지나지 않아 히데요도 병원체를 발견하는 데 성공했다. 하지만 병원체를 발견했다고 해도 병을 정확히 진단하고 치료하기 위해서는 아직도 갈 길이 멀었다. 히데요가 연구에 매진하는 동안에도 수많은 사람들이 매독으로 목숨을 잃고 있었다.

히데요는 매독을 진단하는 문제에 대해 잇따라 논문을 발표했다. 매독이 모든 사람들의 관심사였기 때문에 의학계는 물론 언론들까지 앞다투어 히데요를 찾았다. 온갖 곳에서 강의를 요청해 왔다. 혈청 학회 초대 회장으로도 임명되었다. 일본 교토 대학에서는 대학조차 졸업하지 않은 히데요에게 처음으로 박사 학위를 수여했다. 히데요의 시대라고 해도 빈말이 아닐 정도였지만 히데요는 좀처럼 연구실을 벗어나지 않았다.

히데요는 얼마 지나지 않아 '노구치 낙산 반응'이라는 획기적인 매독 진단법을 발견했다. 매독은 말기까지 진행되기 전에는 알아내기가 쉽지 않았다. 그런데 히데요는 매독 환자의 뇌와 척추를 살펴 단백질이 증가했는지 아닌지를 통해 매독을 진단하는 방법을 찾아냈다. 사람들은 이제 매독을 초기에 진단하고 치료할 수 있다는 희망을 갖기 시작했다. 그러나 매독을 극복하기까지는 아직도 높디높은 계단이 놓여 있었다.

태양이 솟아오르자 이스트강의 안개가 스멀스멀 흩어졌다. 그제야 출근하는 연구원들이 하나둘 모습을 드러냈다. 히데요는 플렉스너 교수가 방문을 두드리는 것도 알지 못한 채 연구에 빠져 있었다.

"이봐, 히데요. 동양인들은 도대체 언제 잠을 자는 건가? 몸이 무쇠로 만들어진 것도 아니고 그래서야 어디 남아나겠어."

플렉스너 교수는 억지로 히데요 등을 떠밀어 집으로 돌려보냈다. 집에 돌아가면 천하의 연구 벌레 히데요라도 별수 없이 쉴 거라는 생각은 플렉스너 교수의 착각이었다. 히데요의 집에는 온갖 실험 도구들이 갖춰진 연구실이 있었다.

플렉스너 교수에게 등 떠밀려 집에 온 히데요는 곧장 연구실에 틀어박혔다. 태양이 뉘엿뉘엿 기울어 갈 무렵, 히데요가 허겁지겁 달려 나왔다. 히데요 손에는 주사기가 들려 있었다.

"어이, 아라키 군. 미안하지만 자네 피 좀 기부해 주게."

아라키는 치와키 선생의 타카야마 치과에서 일하다 유학 온 친구로 얼마 전부터 히데요와 함께 살고 있었다. 허락도 하기 전에 히데요는 아라키 소매를 걷어 올렸다. 히데요는 시도 때도 없이 주사기를 들고 아라키를 찾았다. 그 무렵에는 매독을 진단할 때 양의 혈구를 사용하고 있었다. 히데요는 좀 더 정확한 진단법을 찾기 위해 양의 혈구 대신 사람의 혈구를 시험해 보는 중이었다. 히데요는 아라키의 피를 100밀리리터나 뽑고서 고맙다는 말도 없이 후다닥 연구실로 달려갔다.

밥을 하려고 일어서던 아라키가 비틀거리며 소파로 쓰러졌다. 아직 젊은 나이긴 하지만 하루에도 몇 번씩 피를 뽑아 대는 탓에 빈혈이 생긴 것이다.

다음에는 꼭 안 된다고 거절해야지.

아라키는 굳게 마음을 먹었다.

그날 밤, 아라키는 열두 시가 넘어 잠자리에 들었다. 막 잠이 들려는 찰나 벌컥 문이 열렸다.

"어이, 아라키 군. 지금 당장 피가 필요해."

아라키는 굳게 마음을 먹고 심호흡을 하며 히데요를 바라보았다. 생쥐 눈처럼 반짝거리는 히데요 눈은 간절하게 아라키 피를 원하고 있었다. 아라키는 한숨을 내쉬며 또다시 팔을 내밀고 말았다.

"이건 드라큘라가 따로 없군. 이제부턴 눈에 띄지 말아야겠어."

피 뽑은 자리를 문지르며 아라키는 혼자 투덜거렸다.

다음 날 새벽, 아라키는 난데없는 비명 소리에 잠이 깼다. 혹 히데요에게 사고가 난 것은 아닌가 싶어 아라키는 서둘러 연구실로 달려갔다.

"해냈다! 해냈어!"

미친 사람처럼 덩실덩실 춤을 추며 환호성을 지르던 히데요가 갑자기 동작을 멈추고 현미경을 들여다보았다. 현미경 속에는 나선형의 매독 스피로헤타만 꾸물거리고 있었다. 다른 잡균은 전혀 보이지 않았다.

"아라키, 이것 좀 보게. 이게 바로 순수한 스피로헤타라네."

매독 병원체인 스피로헤타는 다른 미생물들과 섞여 있기 때문에 매독균을 구분해 내기 위해서는 순수한 형태로 배양을 하지 않으면 안 되었다. 그런데 이제껏 배양에 성공한 사람이 없었다. 일 년, 이 년, 히데요는 매독 병원체와 씨름을 하며 보냈다. 어떤 방법으로도 매독 병원체는 배양되지 않았다. 병원체 배양을 위해 히데요는 3년 동안 백만 번 이상 똑같은 실험을 반복했다. 보통 사람이라면 진작 포기했을 지루한 싸움이었다. 백만 번의 실패가 없었더라면 히데요는 결코 이 싸움에서 승리하지 못했을 것이었다.

히데요는 아라키를 와락 끌어안았다.

"고맙네. 이게 다 자네 덕이야. 자네가 피를 뽑아 준 덕이라고. 자네 덕분에 수많은 사람들이 목숨을 구할 수 있게 됐어."

히데요는 어린아이처럼 좋아서 어쩔 줄 모르며 몇 번이고 현미경을 들여다보았다. 밤을 꼬박 세웠는데도 조금도 지친 기색이 없었다. 하기야 지금 히데요는 세계 최초로 수많은 사람을 죽음으로 몰고 간 매독 병원체 순수 배양에 성공한 것이다. 이제 매독을 깨끗이 치료하는 날도 머지않았다.

아라키는 알 수 없는 기분에 사로잡혀 히데요를 물끄러미 바라보았다. 히데요는 참 이상한 사람이었다. 아무 데나 담배꽁초를 버리고, 한번 일에 몰두하면 밥 먹는 것도 잠 자는 것도 잊어버리고, 여름휴가도 가지 않고, 어쩌다 밥을 하면 책을 읽다 번번이 태워 먹고, 실험복 주머니에는 실험용 기니피그를 넣어 다녔다. 그 기니피그는 록펠러 의학 연구소에 맨 처음 온 녀석이었다. 연구원들은 웃었지만 낯선 외국에서 생활하는 아라키는 히데요 마음을 이해할 수 있을 것 같았다. 히데요는 기니피그를 친구로 삼을 만큼 고독한 것이었다. 어쩌면 마음 약한 히데요는 기니피그들의 숭고한 희생을 잠깐이라도 저버리지 않기 위해 주머니에 기니피그를 넣고 다니는지도 몰랐다.

히데요는 자신의 모든 생활을 연구에 바쳐 마침내 세계 최초로 매독 병원체 배양에 성공했다. 히데요에게는 연구 외에 아무것도 없었다. 부모도 연인도 친구도 하다못해 취미 생활도. 연구는 히데요의 전부였다.

아라키는 어쩐지 눈시울이 뜨거웠다.

"선배님! 축하합니다. 제가 멋진 아침을 준비하죠."

히데요는 이스트강 물안개를 바라보며 고향 반다이산의 아침 안개를 떠올렸다.

어머니. 조막손이 노구치 히데요가 드디어 해냈어요. 어머니 말씀대로 절대 지지 않았어요. 그 무엇에도 무릎 꿇지 않았어요.

1911년, 미국에 온 지 11년 되던 해의 일이었다. 얼마 뒤 히데요는 광견병과 소아마비 병원체 발견에도 성공했다. 병원체 발견은 병의 극복을 위한 첫걸음이었다. 오늘날 광견병과 소아마비는 더 이상 불치병이 아니다. 누구나 백신을 맞기만 하면 병을 예방할 수 있고, 병에 걸린다 해도 치료할 수 있다. 그 첫걸음을 히데요가 내디딘 것이다. 세계 의학계는 히데요의 발견에 놀랐고, 날마다 노구치라는 이름이 신문을 장식했다.

"한두 해 안에 노구치 히데요가 노벨상을 탈 것이다."

미국뿐 아니라 유럽에도 히데요 이름이 널리 알려졌다. 하지만 이내 제1차 세계 대전이 터지는 바람에 전쟁 중인 일본 출신 히데요는 노벨상을 받지 못했다. 그러나 히데요의 발견은 노벨상 이상의 것이었다. 오늘날 우리가 매독과 광견병, 소아마비 등의 병을 더 이상 겁내지 않게 된 것은 히데요의 연구 덕분이다.

어머니의 편지

1915년 여름, 센트럴 파크 가로수는 쥐어짜면 푸른 물이 뚝뚝 떨어질 듯 싱그러웠다. 히데요는 휘파람을 불며 가로수 사이를 걸었다. 시골 출신 히데요는 산과 나무를 좋아했다. 그러나 미국에 온 이래, 아니 의사가 되기 위해 동경에 간 이래 히데요는 휴가라는 것을 가 본 적이 없었다. 연구실과 집을 오가는 사이에 보는 나무와 새, 강이 히데요가 누리는 자연의 전부였다. 히데요는 현미경 속 세계밖에 잘 알지 못했다.

"여보, 당신에게 편지가 왔어요."

현관문을 열고 들어서자마자 낭랑한 아내 목소리가 히데요를 반겼다. 3년 전, 히데요는 아일랜드계 메리 다지스와 결혼을 했다. 결혼을 했어도 히데요의 일과는 달라질 게 없었다. 결혼을 했다고 조금 더 일찍 퇴근을 하는 것도 아니었다. 히데요는 언제나 밤이 깊어서야 집으로 돌아왔다.

유학비를 대 주는 조건으로 약혼했던 여자는 치와키가 대신 돈을 갚아 주는 것으로 마무리를 지었다. 치와키는 히데요가 세계적인 과학자가 된 뒤에도 뒤를 돌봐 주었다. 코바야시 또한 마찬가지였다. 멀리 떨어져 있어 서로 만나지 못하지만 코바야시와 치와키는 히데요에게 부모나 다름없었다. 자식이 부모에게 기대듯 히데요는 두 사람에게 번거로운 일을 거리낌 없이 부탁했다. 히데요는 두 사람에게 자랑스럽고, 한편으로는 말썽 많은 자식 같았다. 코바야시와 치와키는 틈틈이 편지를 보내 히데요의 헤픈 돈 씀씀이와 남을 의식하지 않는 행동들에 대해 쓴소리를 했다. 편지를 받을 때면 히데요도 깊이 뉘우쳤다. 하지만 연구에 몰두하면 모든 걸 까맣게 잊고 실수를 하기 일쑤였다. 그래서 일본에서처럼 히데요를 싫어하는 사람도 많았다.

히데요에 대한 사람들의 평판은 딱 두 가지로 갈렸다. 치와키나 코바야시, 플렉스너 교수나 미첼 교수처럼 히데요의 실력과 열정, 순수함을 온전히 이해하고 칭찬하는 사람이 있는가 하면 헤픈 돈 씀씀이와 제멋대로인 성격 때문에 예의 없고 나쁜 사람이라고 비난하는 사람도 있었다. 물론 후자가 압도적으로 많았다. 그러나 히데요는 잘 모르는 사람들의 평판 같은 건 조금도 신경 쓰지 않았다. 대신 자기를 믿어 주고 도와주는 사람들에 대해서는 마음을 다해 보답했다.

히데요는 코바야시나 치와키 편지를 받는 게 큰 기쁨이었다. 그러나 요즘에는 두 사람 편지보다 잘 모르는 사람들에게서 오는 편지가 더 많았다. 히데요는 귀찮다는 듯 편지를 받아 들었다.

얼마 전에도 히데요는 일본에서 온 편지를 받았다. 제국 학사원에서 온 편지였다. 히데요가 일본 최고의 학자에게 주는 '학사원 은사상'을 받게 되었으니 잠시 다녀가라는 것이었다. 오직 상을 받기 위해 배를 타고 일본까지 오가야 하다니. 히데요는 두 번 생각하지도 않고 치와키에게 대신 상을 받아 달라고 부탁했다. 연구를 하기에도 시간이 모자란 히데요였다.

편지 봉투를 흘깃 본 히데요 입가에 미소가 떠올랐다. 타카야마 치과에서 친하게 지냈던 이에 이시즈카 편지였다. 히데요는 옷을 벗지도 않은 채 소파에 앉아 봉투를 뜯었다. 편지와 함께 들어 있던 뭔가가 바닥으로 툭 떨어졌다. 사진이었다. 무심코 사진을 집어 들던 히데요는 얼음이 된 듯 얼어붙었다. 비쩍 마른 데다 볼에 주름이 깊게 패고, 머리가 하얗게 센 시골 늙은이가 앞을 바라보고 있었다. 사진 속 늙은이는 얼마나 오래 입었는지 무늬도 알아

볼 수 없는 윗옷에 누덕누덕 기운 일 바지를 입고 있었다. 주름진 어머니 볼 위로 히데요의 뜨거운 눈물이 뚝뚝 떨어졌다.

얼마 전, 어머니에게서 편지가 왔었다. 어머니 편지에는 힘들다는 말은 단 한 마디도 적혀 있지 않았다. 그저 아들이 낯선 땅에서 힘들게 고생하는 것을 생각하면 자려고 해도 그 모습이 어른거려 도무지 잠을 잘 수가 없다는 걱정과 자랑스러움만 가득했다. 아들이 걱정할까 봐 힘들다는 이야기는 조금도 하지 않았던 것이다. 자나 깨나 아들만 생각하는 어머니 마음에 히데요는 좀처럼 눈물을 그치지 못했다.

히데요는 나날이 성공하고 있었다. 연봉은 5천 달러로 올랐고, 30대 후반의 나이에 플렉스너 교수와 같은 대우를 받았다. 병원체 배양에 잇따라 성공한 뒤 세계 각국으로 강연도 다녔다. 아이즈 출신 조막손이 노구치 히데요는 이제 남부러울 게 없었다. 일본에서 고생하는 어머니만 아니라면.

그 해 9월, 히데요는 떠나온 지 꼭 15년 만에 일본을 찾았다. 기차가 차츰 아이즈에 가까워졌다. 우뚝 솟은 반다이산이 모습을 드러냈다. 미국에서 보낸 15년 세월이 꿈이었던 듯 히데요는 어린 세이사쿠로 되돌아갔다. 친구들의 놀림을 받고 학교를 뛰쳐나와 반다이산으로 달려가던 어린 세이사쿠. 그러나 그건 이제 아련한 추억일 뿐이었다. 이제 히데요는 더 이상 조막손이 세이사쿠가 아니었다.

열차가 오키나지마 역에 들어서자 폭죽이 터졌다. 플랫폼에 수백 명의 사람들이 모여 있었다. 마을 사람들이 다 모인 것이다. 그 옛날, 없는 형편에 고등 소학교를 보낸다고 비웃었던 일들을 사람들은 까맣게 잊고 있었다. 노구치가 플랫폼에 발을 디딘 순간, 사람들이 일제히 “만세!”를 외쳤다.

히데요는 만국기가 휘날리는 아치 밑을 천천히 걸어 나갔다. 어머니 모습은 보이지 않았다. 한 줄로 길게 늘어선 소학교 학생들이 힘차게 국기를 흔들었다. 아이들에게 히데요는 나폴레옹과 다를 바 없었다. 히데요는 아이즈 지방 역사가 시작된 이래 가장 유명하고 위대한 사람이었다.

히데요는 마을 사람들이 준비해 놓은 인력거를 마다하고 산길을 걸었다. 어린 세이사쿠가 늘 걸어 다니던 그 길을 다시 걸어 보고 싶었던 것이다. 산길은 아직도 옛 모습 그대로였다. 일찍 추워지는 산간 지방이라 벌써 나뭇잎들이 시들어 가고 있었다. 저만치 산자락의 밭도 그때와 똑같았다.

우리의 영웅 노구찌 선생!!
환영합니다!
WELCOME HOME
NOGUCH
のぐちひで
野口英世
いらっしゃいませ

"지지 마, 세이사쿠. 지지 마."

어머니의 그 말이 아니었다면 히데요는 지금도 여전히 조막손이 세이사쿠로 슬픈 세월을 보내고 있었을 것이다. 히데요를 세계적인 세균학자로 만든 것은 바로 어머니의 그 말이었다.

히데요가 마을 가까운 언덕에 도착하자 또다시 폭죽이 터졌다. 어머니에게 아들의 도착을 알리는 신호였다. 저만치 집이 보였다. 집은 세월 속에서 부스러질 듯 낡은 모습으로 예전 그 자리에 서 있었다. 그 집 앞에 어머니가 서 있었다. 사진처럼 앙상하게 마르고 머리가 하얗게 센 그 모습으로. 아들이 산모퉁이를 돌아 집 앞에 다가갈 때까지 어머니는 아들에게서 눈을 떼지 않았다.

"어머니, 지금 돌아왔어요. 그동안 잘 지내셨어요?"

그렇게밖에는 할 말이 없었다.

"먼 길 오느라 수고했다. 잘해 주어서 정말 기쁘다."

어머니는 아들의 어깨를 하염없이 어루만졌다. 참으려고 눈을 몇 번이나 깜박였지만 눈물이 쉴 새 없이 흘러내렸다. 히데요는 들먹이는 어머니 어깨를 부축하고 집으로 들어섰다. 주위에 있던 사람들도 눈시울을 적셨다.

히데요의 눈이 기둥을 향했다. 20년이 지나 희미해졌지만 동경으로 떠나던 날 자신이 새겨 놓은 글씨가 아직도 남아 있었다.

뜻을 이루지 못하면 다시는 이 땅을 밟지 않으리.

그때의 꿈은 의사가 되는 것이었다. 그로부터 이십여 년이 지난 지금, 히데요는 세계 최고의 세균학자가 되었다. 아이즈 촌놈이라고, 밥도 못 먹을 만큼 가난하다고, 조막손이라고 놀림을 받으면서도 꿈이 있어 최선을 다했기 때문에 지금 이 자리에 있게 된 것이다.

히데요는 고향에서 하루도 빠짐없이 강연과 연회에 불려 다녔다. 어머니와 제대로 이야기를 나눌 틈조차 없었다. 그러나 어머니는 조금도 서운해하지 않았다. 외려 시간이 나면 그동안 도움 받은 사람들에게 인사하러 가라며 등을 떠밀었다. 이제 히데요는 자신만의 아들이 아니라 일본의 아들이요, 세계의 아들이었다. 장애를 극복하고 잘 자라 준 아들이 어머니는 고맙기만 했다.

늦은 밤, 친구들과의 술자리가 끝났다. 히데요는 천천히 집을 향해 걷기 시작했다. 저만치 이나와시로 호수가 고요한 달빛을 받아 반짝거리고 있었다. 어린 세이사쿠가 서러움에 못 이겨 울곤 하던 그 호수였다. 히데요는 호숫가에서 걸음을 멈췄다. 저도 모르게 한숨이 새어 나왔다. 여기에 머무르고 싶다는 생각이 굴뚝

같았다. 그러나 아직도 넘어야 할 산이 수두룩했다. 매독도 소아마비도 아직 완벽하게 치료할 방법을 찾지 못했다. 인간을 고통과 죽음으로 몰아넣는 질병이 사라지지 않는 한 히데요의 연구도 끝날 수 없었다.

내일모레면 히데요도 마흔 살이었다. 미국에 가 있는 내내 밤낮없이 연구에 몰두한 탓에 건강이 좋지 않았다. 히데요를 진찰한 의사는 이 몸으로 여기까지 온 것만도 기적이라며 생활 습관을 바꾸지 않으면 앞으로 3년밖에 살지 못할 것이라고 걱정했다. 죽는 게 두렵지는 않았다. 다만, 어머니 곁을 떠난다는 것, 그리운 고향을 떠난다는 것이 서글펐다.

검은 구름이 잠시 달을 가렸다. 주위가 이내 어두워졌다. 잠시 뒤 달이 다시 모습을 드러내고, 때마침 잔잔한 바람이 불어와 호수가 은빛 비늘을 뒤척였다. 히데요는 달이 구름 속으로 숨었다 나타났다 하는 모습을 오래도록 바라보았다.

히데요는 평소보다 일찍 눈을 떴다. 이제 떠나야 할 시간이었다. 주위는 아직 어둠에 잠겨 있었다. 푸르스름한 새벽빛이 천천히 방으로 스며들었다. 아직 어두운 벽에 양복 두 벌이 걸려 있었다. 어제까지만 해도 거기에는 생장이 되었을 때 입었던 작은 양

복 한 벌뿐이었다. 어머니는 매일 그 낡은 양복을 바라보며 히데요가 잘되기를 기도했다. 그 옆에 걸린 큰 양복은 또다시 먼 길을 떠나는 아들을 위해 어머니가 준비한 것이었다. 언제 다시 볼지 알 수 없는 아들을 위해 늙은 어머니는 한 땀 한 땀 정성스레 바느질을 한 것이다. 뜨거운 눈물이 히데요의 볼을 타고 차가운 다다미 위로 떨어져 내렸다.

세균과의 전쟁

의사와 과학자, 간호사 이십여 명을 태운 배가 파도를 가르며 쏜살같이 달리고 있었다. 히데요는 여름옷을 입은 채 갑판에 서서 저만치 모습을 드러낸 육지를 바라보았다. 바람이 차가웠다. 남아메리카는 벌써 겨울에 접어들고 있었다. 지금 히데요는 황열병 최대 발생지인 에콰도르로 향하는 중이었다.

19세기 말부터 유럽과 북아메리카는 황열병 때문에 고생을 하고 있었다. 20세기에 들어서면서는 적도 아래 남아메리카까지 황열병이 퍼졌다. 황열병은 점점 무서운 위세를 떨치며 페스트, 콜레라와 어깨를 나란히 하는 무서운 전염병이 되었다. 모기에 의해서 전염되는 황열병은 감염되어도 일주일 정도는 증세가 전혀 나타나지 않는다. 그러다 두통과 현기증이 나면서 갑자기 열이 치솟는다. 시간이 좀 더 지나면 소변이 나오지 않고 얼굴이 노래지며 피부 밑에 출혈이 생긴다. 마침내는 입과 항문으로 피를 토하면서 목숨을 잃는 무서운 병이 바로 황열병이었다. 전 세계가 황열병 공포에 사로잡히자 미국은 황열병 위원회를 만들었다. 히데요도 그 위원 중 한 사람이었다.

과야킬 항구가 가까워지자 사람들이 짐을 꾸려 갑판으로 나왔다. 지금 사람들은 황열병을 연구하기 위해 황열병 최대 발생지에 발을 디디려는 것이다. 한마디로 목숨을 내건 세균과의 전쟁이었다.

"노구치 선생, 각별히 몸 조심하시오."

황열병 위원회 의장이자 세균학계 원로인 겐달이 걱정스럽게 히데요를 바라보았다.

히데요는 일본에서 돌아온 뒤부터 갖은 병을 앓았다. 장티푸스에 걸려 59킬로그램이던 몸무게가 44킬로그램까지 내려갔다. 게다가 심장이 좋지 않아 장티푸스로 인한 고열에 시달렸다. 장에는 구멍이 뚫렸다. 이것이 복막염으로 발전하면 생명이 위험했다. 수술을 해야만 했지만 주치의는 히데요 몸이 너무 약해 수술을 견딜 수 없다고 판단했다. 수술도 하지 못한 채 히데요는 죽음의 문턱을 넘나들었다.

1917년 5월 말, 히데요가 위독하다는 소식이 신문 1면에 실렸다. 이 소식은 금세 유럽과 일본으로 전해졌다. 온 세계가 숨을 죽여 히데요의 상태를 지켜보았다.

소식을 들은 어머니 시카는 관음보살을 모신 절을 찾아가 밤을 새워 기도했다. 밤바람에 촛불이 위태롭게 흔들리고, 어둠 속에서 나뭇잎들이 수상하게 흔들렸다.

"히데요의 목숨 대신에 제 목숨을 바치겠습니다. 제발 우리 히데요를 살려 주세요. 히데요는 아직 할 일이 많습니다."

3주일 뒤, 마을 사람들이 우르르 시카 집으로 달려왔다. 지난 3주 동안 밤낮으로 기도를 하느라 그렇지 않아도 마른 시카 몸은 뼈가 앙상하게 드러날 정도였다.

"됐어요, 이제 됐어요. 히데요가 살아났답니다!"

동네 사람들은 시카의 간절한 기도가 히데요 목숨을 구했다고 믿었다.

장티푸스는 나았지만 그 해 말까지 히데요는 입원과 퇴원을 반복했다. 연구소로 돌아온 것은 이듬해가 되어서였다. 여전히 비쩍 마른 상태여서 건강에 각별히 신경을 써야만 했다. 그런데도 히데요는 지금 플렉스너 교수와 아내, 동료들의 반대를 무릅쓰고 황열병 최대 발생지에 와 있는 것이다.

과야킬 항구에는 에콰도르의 유명한 의사와 과학자들이 마중을 나와 있었다. 하지만 아무도 선뜻 입을 열지 못했다. 말이 통하지 않기 때문이었다. 그때, 히데요가 일행들 앞으로 나섰다.

"저희를 이렇게 환영해 주시니, 정말 고맙습니다."

유창한 스페인 어였다. 몸이 아파 연구를 하지 못하는 동안 히데요는 스페인 어를 공부했다. 의식이 있는 한 히데요는 잠시도 가만있지 못하는 성격이었다.

도착한 다음 날, 날이 밝기도 전에 히데요는 연구실로 향했다. 연구를 위한 기계들이 모두 도착하기도 전이었다. 실험 기구라고 해 봐야 아직은 냉각기와 부화기, 소독기뿐이었다. 에콰도르 의사와 연구자들은 아홉 시가 되어서야 모습을 드러냈다.

"황열병에 걸린 환자 피는 어디 있습니까?"

히데요는 에콰도르 의사들에게 인사도 하지 않은 채 다짜고짜 물었다. 누군가 환자 피를 건넸다. 히데요는 고맙다는 인사도 없이 이내 연구에 몰두했다. 바로 이런 점 때문에 히데요를 싫어하는 사람들이 많았다. 그러나 히데요 머릿속에는 온통 연구 생각뿐이었고, 한번 몰두하면 옆에 누가 있다는 것조차 깨닫지 못했다. 고맙다는 인사를 하지 않은 것은 무례해서가 아니라 연구할 생각에 그런 말조차 꺼낼 겨를이 없기 때문이었다. 히데요와 함께 뭐라도 해 보고 싶어 찾아왔던 사람들은 말 한마디 붙여 보지 못한 채 돌아가야 했다.

히데요는 환자에게서 얻은 병원체를 배양한 뒤 기니피그에게 접종했다. 며칠 지나지 않아 황달성 열과 간장 장애가 발생했다. 히데요는 언제나 그랬던 것처럼 밤낮없이 병원체와 씨름을 했다.

과야킬에 도착한 지 9일째 되는 날이었다. 현미경을 들여다보던 히데요가 큰 소리로 외쳤다.

"겐달 박사! 이것 좀 보세요."

겐달 박사가 현미경을 들여다보았다. 앞쪽이 구부정하게 굽은 미생물이 보였다. 일종의 스피로헤타인데, 지금까지 보던 것들과는 전혀 달랐다.

"황열병 병원체가 바로 이것입니다!"

히데요가 발견한 병원체에는 '레프토스피라 이크로테로이데스'라는 긴 이름이 붙었다. 도착한 지 9일 만에 히데요는 지금까지 누구도 찾아내지 못한 병원체를 발견해 낸 것이다. 세계 최초의 황열병 병원체 발견이었다.

"이렇게 금방 병원체를 발견하다니……. 뭔가 이상합니다. 이게 황열병 병원체라고 단정할 수 없습니다. 좀 더 연구를 해 봐야 합니다."

쿠바 출신 레프레드가 이의를 제기했지만 황열병 위원회 위원들 대부분은 히데요의 발견을 믿었다.

9월, 미국으로 돌아가야 할 시간이었다. 출발을 앞두고 히데요는 겐달을 찾아갔다.

"저는 여기 남아서 좀 더 연구하겠습니다."

"무슨 소리요? 이미 병원체를 발견하지 않았습니까? 우리가 약속한 연구는 끝났습니다. 여기에 있다가 언제 황열병에 걸릴지 모르는데 몸도 좋지 않은 사람이 어떡하려고……."

겐달 말처럼 병원체가 밝혀진 이상 나머지 백신 연구는 미국에 돌아가서도 얼마든지 할 수 있었다. 그러나 히데요는 고집을 꺾지 않았다. 어쩌면 히데요는 레프레드 말이 마음에 걸려 더 확실한 것을 증명하고 싶었는지도 모른다.

동료도 없이 히데요는 혼자가 되었다. 그러나 외로워 할 틈도 없었다. 연구에 몰두한 히데요는 머지않아 병원체를 순수 배양하여 황열병의 백신과 혈청을 만드는 데 성공했다. 그러고는 모기가 없는 고원 지역에서 자라 황열병 면역체가 전혀 없는 군인 천 명에게 이 백신을 예방 주사했다. 히데요는 가슴을 졸이며 결과를 기다렸다. 모기가 많은 때인데도 황열병 발병이 눈에 띄게 줄었다. 황열병에 걸려 죽는 사망률도 16퍼센트로 줄어들었다. 히데요는 그제야 마음을 놓았다. 자신이 발견한 건 분명 황열병 병원체였던 것이다.

"선생님, 이곳에 남아 주십시오. 국립 연구소를 세울 테니 선생님께서 소장직을 맡아 주시면 좋겠습니다."

에콰도르 과학자들이 히데요를 붙잡았다. 그러나 히데요는 아직도 록펠러 연구소에서 해야 할 일이 많았다. 세상에는 아직도 원인을 알지 못하는 병들이 많았다. 모든 병들이 히데요가 넘어야 할 산이었다. 병을 극복하고 싶다는 욕망 외에 돈이나 출세, 그 어떤 것도 히데요를 붙잡을 수 없었다.

에콰도르 사람들은 떠나는 히데요를 위해 성대한 환송회를 열었다. 환송회가 열린 극장에는 일본 국가가 울려 퍼졌다. 비행기에도 노구치 이름이 새겨졌고, 노구치 거리가 생겼으며, 시 의사당 앞에는 노구치 동상이 세워졌다. 인류 최대의 적이었던 황열병을 극복하게 해 준 히데요에 대한 고마운 마음이었다.

히데요는 홀가분한 마음으로 배에 올랐다. 뉴욕으로 가던 도

중 히데요는 파나마에 들러 그곳 의사들을 만났다. 의사들에게 강의를 하면서 현미경을 들여다보던 히데요는 갑자기 어지럼증을 느꼈다. 현미경에서 눈을 뗀 순간, 느닷없이 어머니 얼굴이 떠올랐다. 어린 시절, 무거운 짐을 진 채 산더미같이 쌓인 눈을 힘겹게 밀치며 집으로 돌아오던 그날처럼 지치고 쓸쓸한 얼굴이었다. 무슨 할 말이 있는 듯 어머니는 히데요를 가만히 바라보았다. 따뜻하고 쓸쓸하고 애처로운 눈빛이었다. 잠시 뒤 어머니 얼굴이 허공에서 사라졌다.

바로 그 순간, 시카는 의식을 잃어 가고 있었다. 추운 날씨에 산모를 도우러 갔다가 폐렴에 걸렸는데, 늙고 쇠약해서 병을 이기지 못한 것이다. 며칠 전, 코바야시가 소식을 듣고 찾아왔다. 히데요가 황열병 치료법을 찾아냈다는 소식을 들은 시카의 파리한 얼굴에 웃음이 떠올랐다.

"히데요는 생각보다 훨씬 잘하고 있어요. 못난 어미를 만나 손이 그렇게 되었는데도 정말 잘하고 있어요."

히데요가 장티프스로 위험했을 때 시카는 부처님에게 빌었다. 자신의 목숨을 깎아서라도 히데요를 살려 달라고. 히데요가 살아났으니 자기는 죽어도 아쉬울 게 없었다. 1918년 11월 10일 새벽,

고단한 운명 앞에 무릎 꿇지 않고 강인하게 한 세월을 버텨 왔던 여장부 시카가 눈을 감았다. 포기할 줄 모르는 시카의 인내심이 아니었다면 세계적인 세균학자 노구치 히데요도 존재하지 않았을 것이다.

히데요는 11월 24일 뉴욕에 도착해서야 어머니 사망 소식을 들었다. 히데요는 고개를 푹 숙인 채 아무 말도 하지 못했다. 누군가 심장을 꽉 움켜쥐고 있는 느낌이었다. 히데요는 어머니를 잃은 슬픔에서 오래도록 벗어나지 못했다.

"나의 영광도, 용기도, 어머니에게서 비롯된 것입니다."

히데요는 사람들에게 이렇게 말하곤 했다. 어머니는 히데요 삶을 비추는 단 하나의 등불이었다. 그 등불이 꺼져 버린 것이다. 히데요는 길을 잃은 아이처럼 막막하고 쓸쓸했다.

목숨을 건 연구

록펠러 연구소 뜰에는 가을빛이 가득했다. 벌써 울긋불긋 단풍이 들기 시작했다. 누군가 복도를 급히 달려오는 소리가 들렸다. 문이 벌컥 열렸다.

"스톡스의 보고서가 도착했나?"

스톡스는 록펠러 연구소의 연구원으로 아프리카에서 황열병을 연구하고 있었다. 노구치가 병원체를 발견하고 백신을 개발했는데도 황열병은 사라지지 않았다. 얼마 전부터는 지금까지보다 더 강한 황열병이 아프리카에 걷잡을 수 없이 퍼지고 있었다. 일부 학자들은 히데요가 와일씨병(매독균에 의해 감염되는 병) 병원체를 황열병 병원체로 잘못 안 것이라고 주장하기도 했다. 히데요는 자신이 옳다는 확신이 있었지만 황열병을 완전히 극복하지 못한 것만은 부정할 수 없는 사실이었다. 황열병을 연구해 온 지 벌써 10년째, 히데요 마음은 답답하고 조급했다.

"네. 그런데 저……."

"꾸물거리지 말고 빨리 보고서를 주게."

"선생님, 스톡스 박사가 황열병으로 사망했답니다."

히데요는 전에도 연구하던 병으로 동료를 잃은 적이 있었다. 장티푸스로 입원했던 시절, 히데요는 조수인 스티브에게 로키산 발열진(로키 산맥 지대에서 처음 보고된 전염병)에 관한 연구를 계속하게 했다. 그러다 스티브가 그 병에 걸려 세상을 떠났다. 세균학자는 언제든 병에 걸릴 수 있었다. 히데요도 자신 또한 언제라도 그럴 수 있다는 것을 각오하고 있었다. 하지만 가까운 사람을 잃는다는 건 언제나 괴로웠다.

며칠 뒤, 히데요는 플렉스너 교수와 동료들 앞에서 결심을 밝혔다.

"아프리카로 가겠습니다. 거기 가서 그곳의 황열병이 정말 황열병인지, 그렇다면 남아메리카의 것과 어떻게 다른지, 확인하겠습니다."

"기분은 이해하네. 스톡스 때문에 마음이 아프겠지. 하지만 여기서도 얼마든지 연구할 수 있지 않은가."

"아프리카에서 몇 주에 걸쳐서 보내오는 환자 혈액만으로는 안 됩니다. 그사이 혈액이 변해 버립니다. 저를 보내 주십시오."

"이봐, 황열병으로 모두 죽어 가고 스톡스까지 죽었네. 건강하지도 않은 자네가 아프리카로 가겠다는 것은 죽으러 가는 것과 마찬가지야."

동료들도 앞다투어 히데요를 만류했다.

"충고는 고맙네만 나는 아무것도 무섭지 않아."

"자네 몸은 자네 것만이 아니야. 의학 역사상 자네는 두 번 다시 나타나기 어려운 사람일세. 세계적인 연구를 숱하게 남겼는데, 황열병 하나 잘못되었다고 해서 그게 어쨌단 말인가! 좀 더 크게 생각하게."

동료인 칼스키 박사가 화까지 내며 말렸지만 소용없었다. 누구도 히데요의 쇠고집을 꺾지 못했다.

1927년 10월 22일, 히데요는 시시이아호에 올랐다. 히데요가 도착한 아크라(현재의 가나)는 황금 해안의 중심 도시였다. 중심 도시라고 해도 너무 가난해서 신발도 없이 걸어 다니는 사람들이 많았다. 당연히 의학이나 과학도 초보적인 수준이었다. 연구를 할 만한 공간조차 마땅치 않았다.

히데요는 부근에 있는 영국 연구소를 찾아갔다. 그곳 소장은 히데요보다 열 살 어린 영이라는 병리학자였다. 히데요는 영과 함께 공동 연구를 하기로 했다.

회양 의원 조수로 일하던 시절부터 히데요가 있는 방은 불이 꺼지지 않기로 유명했다. 아프리카에서도 다르지 않았다. 연구소 부근에 숙소가 있는데도 거기 가서 자는 날은 손에 꼽을 정도였다.

어느 날, 히데요가 기지개를 켜며 현미경에서 눈을 뗐다.

“너무 피곤하군. 이제 퇴근해야겠어.”

고개를 들어 보니 사방에 눈부신 햇살이 쏟아지고 있었다. 벌써 아침이 되어 버린 것이었다. 그제야 출근을 하던 아프리카 출신 조수나 연구원들은 놀라서 입을 다물지 못했다. 더운 날씨 때문에 아프리카 사람들은 게으른 편이다. 그런 사람들에게 히데요는 괴물에 가까웠다. 처음에는 하도 일을 시켜 대는 통에 불만이 많았던 사람들도 차츰 시간이 지나자 히데요를 존경하게 되었다. 히데요가 떠난 뒤, 아크라 사람들은 히데요를 닮았으면 하는 소망을 담아 자식들에게 ‘노구치’라는 이름을 붙여 주었다.

크리스마스 무렵, 히데요가 연구소에 나타나지 않았다. 놀란 연구소 사람들이 하숙집으로 달려갔다. 아니나 다를까, 히데요는 끙끙 앓고 있었다. 황열병이었다. 자신이 개발한 백신을 맞은 덕분에 다행히 심하지는 않았다. 정신을 차린 히데요는 연구 자료를 읽기 시작했다. 누군가 히데요의 손에서 자료를 낚아챘다.

"미쳤어요? 이러다 병이 심해져서 죽으면 어쩌려구요!"

간호원이 사나운 눈초리로 히데요를 노려보았다.

"이 일만 끝나면 언제 죽어도 상관없소."

"그런 말씀하시면 안 됩니다."

"죽든 살든 내 목숨이니 그거나 당장 주시오!"

자기를 걱정해서 그러는 줄 뻔히 알면서도 히데요는 자료 내용이 궁금해서 간호원에게 버럭 소리를 질렀다. 히데요는 그 병원에서 가장 골치 아픈 환자였다.

며칠 뒤, 히데요는 허락도 받지 않은 채 병원을 빠져나와 연구소로 달려갔다. 그러고는 자기 피를 동물에게 접종했다. 동물은 며칠 지나지 않아 죽었다. 그 무렵 인근 지역에서 황열병이 발생했다. 히데요는 그 환자들 피를 구해서 연구하기 시작했다. 확실히 남아메리카에서 발견한 병원체와 달랐다. 히데요는 자신이 발견한 병원체가 황열병 병원체가 아닐지도 모른다는 의심을 품기 시작했다.

1928년 3월 9일, 히데요는 마침내 긴 연구의 결론을 내렸다. 황열병 병원체는 미생물이 아니라 여과성 미생물, 즉 바이러스였다.

바이러스는 일반 현미경으로 보이지 않는다. 전자 현미경은 1931년에야 발명되었다. 지금까지 히데요는 볼 수조차 없는 적을 상대로 싸워 온 것이다. 황열병 병원체가 무엇인지 정확히 확인할 수는 없지만 자신의 발견이 틀렸다는 것만은 확실했다. 더 뛰어난 현미경 없이는 아무것도 할 수 없는 상황이었다. 히데요가 일 년 내내 밤을 세며 연구한다 해도 불가능했다.

이날, 히데요는 황열병 병원체가 바이러스라는 것 이상의 중요한 무언가를 발견했다고 한다. 그러나 아쉽게도 히데요가 무엇을 발견했는지는 전해지지 않는다. 그 비밀을 혼자 간직한 채, 히데요는 뉴욕으로 돌아가지 못했다. 만일 히데요가 뉴욕으로 돌아갔더라면 황열병 연구가 한 발짝 앞으로 나갔을지도 모른다.

5월 9일, 히데요는 작별 인사를 하기 위해 라고스 본부로 갔다. 사람들이 우 모여들어 사진을 찍었다. 히데요는 완전히 지쳐 있었다. 평소에 히데요는 왼손을 남 앞에 드러내지 않았다. 그러나 지금은 왼손을 가릴 힘도 없었다.

12일 아침, 히데요는 다시 아크라로 가기 위해 배를 탔다. 등줄기로 차가운 느낌이 훑고 지나갔다. 아직 아침인데도 뜨거운 햇살이 땅을 달구고 있었다. 땀이 날 정도로 더운 날씨였다. 그런데도 몸이 부들부들 떨렸다. 히데요는 자기 피를 뽑았다. 말라리아에 걸린 줄 알았던 것이다. 말라리아는 기생충 때문에 생긴다. 그러나 기생충이 보이지 않았다. 불길한 예감이 스쳤다.

아크라에 도착하자마자 병이 깊어지기 시작했다. 다들 당황했다. 히데요는 전에 황열병에 걸린 적이 있었다. 전에 황열병을 앓았다면 이미 면역이 생겨 다시 앓을 리가 없었다. 그러나 전에도 이번에도 증상은 황열병과 똑같았다.

히데요는 점점 쇠약해졌다. 그런 상태에서도 히데요는 연구를 포기하지 않았다. 히데요는 뭔가를 발견했고, 그 내용은 모두 히데요의 머릿속에 들어 있었다. 그것을 뉴욕에 가서 확인해야 했다. 히데요는 처음으로 살고 싶은 강렬한 욕망을 느꼈다. 아직은 죽을 때가 아니었다. 지난 10년간 싸워 온 황열병의 정체에 가까이 다가섰다는 확실한 느낌이 있었다. 이것을 밝힐 사람은 자신뿐이었다.

힘이 빠진 히데요는 꾸벅꾸벅 졸기 시작했다. 꿈인 듯 생시인 듯 밭을 갈던 어머니의 쓸쓸한 뒷모습이 스쳐가고, 반다이산의 안개가 흘러갔다. 고향을 떠올리면 마음이 편안해졌다.

5월 20일, 함께 연구했던 영이 히데요 병실을 찾았다.

"자네는…… 괜찮은가?"

"괜찮고말고요."

두 번이나 동료를 병으로 떠나보낸 히데요는 병에 감염되어 죽은 원숭이 해부를 절대 영에게 맡기지 않았다. 위험한 일은 모두 자신이 떠맡았다. 자신이 병으로 쓰러진 지금도 히데요는 영의 건강을 걱정했다.

"괜찮으면 됐네. 그걸로 된 거야……."

히데요는 눈을 감았다. 자는 것 같기도 하고 생각에 잠긴 것 같기도 했다. 잠시 뒤 히데요가 눈을 뜨고 중얼거렸다.

"나는…… 모르겠네."

뭘 모르겠다는 것일까? 황열병의 정체를 모르겠다는 것인지, 자신의 병이 황열병인지 아닌지 모르겠다는 것인지……. 이것이 세균학자 히데요의 마지막 말이었다.

다음 날 정오, 1928년 5월 21일, 쉰세 살의 히데요는 숨을 거두었다. 그로부터 일주일 뒤, 괜찮다던 영도 같은 증상으로 세상을 떠났다. 황열병 연구를 함께 하던 동료가 황열병과 비슷한 증상으로 비슷한 시기에 목숨을 잃은 것이다. 둘은 죽음에 있어서도 동료였다.

"한 국민, 한 과학도의 손실이 아니다. 우리는 전 인류의 은인을 잃었다."

히데요 죽음이 알려진 뒤, 한 신문은 히데요의 죽음을 이렇게 슬퍼했다. 뱀독과 매독, 광견병과 소아마비 극복에 가장 큰 공을 세웠던 노구치 히데요의 죽음으로 전 세계가 큰 슬픔에 잠겼다.

아프리카에 가지 않았다면 히데요는 죽지 않았을 것이다. 그러나 히데요에게는 자신의 목숨보다 질병 극복이 더 중요했다. 질병을 극복하는 것, 그것만이 삶의 목적이었다.

"지지 마, 세이사쿠. 지지 마."

히데요는 어머니 말처럼 무엇에도 지지 않았다. 배를 곪주리는 지독한 가난도, 조막손이라는 가혹한 운명도, 낯선 땅에서의 외로움도 모두 이겨 냈다. 히데요가 마지막까지 이겨 내지 못한 유일한 것은 황열병의 병원체에 대한 궁금증이었다. 포기할 줄 모르는 히데요는 눈을 감는 그 순간까지도 인류의 질병과 싸우고 있었다. 지지 마, 세이사쿠. 이 한마디는 가난과 화상밖에 물려줄 수 없었던 슬픈 어머니의 위대한 유산이었고, 노구치 히데요를 살아가게 하는 힘의 원천이었다.

노구치 히데요가 살아온 길

1876년 후쿠시마 현에서 출생. 본명 노구치 세이사쿠.

1978년 4월, 방 한가운데 놓인 화로에 왼손 화상을 입음.

1883년 소학교에 입학.

1889년 고등 소학교에 입학.

1892년 10월, 와타나베 카나에 선생으로부터 왼손 수술을 받음.

1893년 3월, 고등 소학교를 우수한 성적으로 졸업.

1893년 5월, 회양 의원에 약국생으로 들어감. 의학, 영어, 프랑스 어를 배움.

1894년 청일전쟁에 와타나베 카나에 선생이 소집되어, 회양 의원 업무를 위임 받음.

1896년 9월, 동경으로 떠남.

1896년 10월, 의사 전기 시험에 합격.

1897년 5월, 치와키 선생 소개로 왼손 재수술을 받음.

▲ 친구 야고 야스헤이와 함께

▲ 의사 후기 시험에 합격하고 나서

1897년 10월, 의사 후기 시험에 합격.

1898년 4월, 전염병 연구소 조수가 됨.

1898년 8월, 고향에 돌아가 노구치 히데요로 개명.

1899년 4월, 일본을 방문한 사이먼 플렉스너 박사의 통역을 담당.

1899년 10월, 중국에 파견되어 국제 예방 위원회에서 활동.

1900년 12월, 미국으로 건너가 펜실베니아 대학 사이먼 플렉스너 박사를 방문.

1901년 1월, 사이먼 플렉스너 박사의 조수가 되어 뱀독 연구.

1907년 6월, 펜실베니아 대학에서 과학 박사 학위를 받음.

1911년 2월, 동경 제국 대학에서 의사 박사 학위를 받음. 매독 스피로헤타 순수 배양에 성공.

1911년 4월, 메리 다지스와 결혼.

▲ 사이먼 플렉스너 교수와 노구치

▲노구치와 가족들

1913년	노인성 치매 및 척수 매독 환자의 뇌 속에서 스피로헤타 팔리다 발견.
1915년	4월, 일본 제국 학사원으로부터 은사상을 받음. 노벨상 후보가 됨.
1915년	9월, 15년 만에 일본으로 귀국.
1917년	장티푸스에 걸림.
1918년	6월, 에콰도르에 출장, 9일 뒤 황열병 병원체를 발견.
1918년	11월, 어머니 시카 타계.
1919년	황열병 병원체를 발표.
1927년	10월, 황열병 연구를 위해 아프리카로 떠남.
1928년	5월 21일, 서아프리카에서 연구 중에 황열병에 감염되어 타계.
1928년	6월 15일, 뉴욕에 있는 묘지에 묻힘.

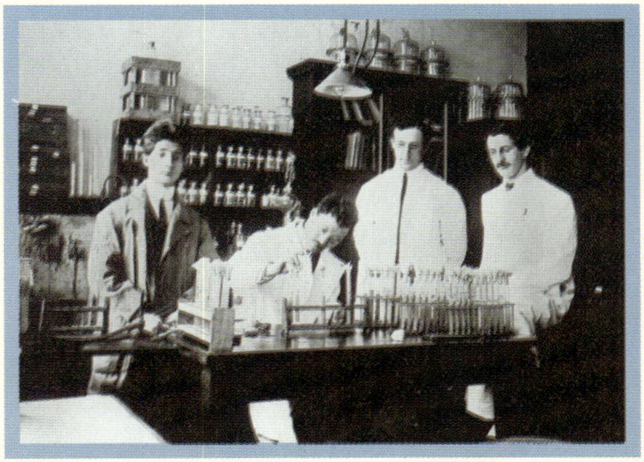

▲ 연구에 집중하고 있는 노구치

▲ 노구치 생가의 모습

▲ 일본 화폐 천 엔에 새겨진 노구치

웅진주니어
노구치 이야기

초　판 1쇄 발행 2010년 5월 24일
초　판 3쇄 발행 2014년 12월 10일
글쓴이 정지아 | 그린이 최민지
발행인 서영택 | 본부장 김장환
편집인 이화정 | 편집주간 신지원 | 책임편집 곽미영
편집 박현종 | 디자인 윤현이
마케팅 신동익, 박지영 | 제작 류정옥

임프린트 웅진주니어
주소 서울시 종로구 인사동9길 27 가야빌딩
문의전화 02)3670-1563 | 주문전화 02)3670-1173, 1595 | 팩스 02)747-1239
홈페이지 www.wjjunior.com | 페이스북 www.facebook.com/wjbook | 트위터 @wjbooks
발행처 (주)웅진씽크빅
출판신고 1980년 3월 29일 제406-2007-00046호

ISBN 978-89-01-10743-1 74990 | 978-89-01-10754-7(세트)

글 © 정지아 | 그림 © 최민지 | 사진 © 노구치 히데요 기념관

웅진주니어는 (주)웅진씽크빅 단행본사업본부의 임프린트입니다.
저작권자와 맺은 특약에 따라 검인을 생략합니다.
이책은 저작권법에 따라 보호받는 저작물이므로 무단전재와 무단복제를 금지하며,
이 책 내용의 전부 또는 일부를 이용하려면 반드시 저작권자와(주)웅진씽크빅의 서면 동의를 받아야 합니다.